静岡県の民俗歌謡

―「遊び」と「祈り」の口承文芸―

純一郎

静新新書
023

はじめに――口承文芸と音楽のコラボレーション――

「遊び」は広くて奥が深い。普通、日常生活から解放された余暇のなぐさみ行動、あるいは物事にたいする気持ちのゆとりを「遊び」とか「遊び心」とかいっているが、民俗学ではコミュニティーに密着したしきたりとして農村に受け継がれている「遊び日」と、芸能の「神遊び」「田遊び」とに注目している。

コミュニティーの規範として農民みずからが決議し、順守してきた村の規約のなかに「年中行事」の項目があって、これには共同作業などのほか、季節の変わり目、農耕の折目ごとに「遊び日」「休み日」が定められている。それらの主要な趣旨は農業生産の過程に応じた一連の周期的な農耕儀礼を営むことにある。一方、節供（せっく）に代表されるように、粥（かゆ）・餅（もち）・粽（ちまき）・赤飯・白酒など日常とは異なる飲食物を調え、神とともにいただいて斎（いわ）うハレの日でもある。

春の日の習俗となっていた花見と趣を同じくする磯遊び、野遊び、山遊びは「遊び日」の重要な行事で、人々は連れ合って野外に出でて飲食を共にし、終日楽しく暮らす。この行事は本格的な農事開始を目前にした重要な祭りで、遠くその行事が『万葉集』収録の舒明天皇（じょめいてんのう）の御製に詠（よ）まれている国見（くにみ）にかようものがある。大和国飛鳥の岡本宮を皇居とされていた天皇は聖なる天の香具山に登り立って国誉(くにほ)めをなされたのであったが、もとの意義は農耕儀礼にあったとされている。

「神遊び」は神事にかかわる芸能で、人は神楽において神々と交歓し、生活から離れた悦楽の境に舞い遊ぶ。神祭は遊びと通じ合うところがあり、「田遊び」とともに、神楽・花の舞・田遊び・田遊祭・お田打(たうち)・田楽(でんがく)・おくない・七草祭といろいろな名称と芸能のもとに静岡県下に数多く保存伝承されている。田遊び系統の芸能は、田打・水口開(みなくちびら)き・種卸(たねおろ)し・田植えへと順調な稲の耕作過程を模擬的に演じて寿(ことほ)ぎ、所によってはさらに生殖行為のわざおぎ（神前での演劇的なしぐさや歌舞）をして豊穣を予祝する。

地域や庶民感情に根差して民衆の間にうたい継がれた素朴な歌を、かつては俚謡(りよう)・俗謡(ぞくよう)などとよんだ。明治中期以降、ドイツ語の“Volkslied”や英語の“Folk-song”の訳語として民謡という名称が使用されるようになり、やがて定着をみるにいたった。柳田國男は民俗学的見解のもとに、民謡を「作者のない歌、捜しても作者のわかる筈(はず)のない歌」と定義づけるとともに、うたう場所と仕事の内容・目的の相違により、田歌・庭歌・山歌・海歌・業歌・道歌・祝い歌・祭り歌・遊び歌・童歌の十種に分類した（『民謡覚書』）。この案の田歌から道歌までは労働にしたがう者がうたう労作歌で、民俗歌謡の基本をなしている。

労作歌は共同労働の場において作業のリズムやテンポに合わせてうたうことを基本とし、一つに歌で調子をとることにより、作業にたずさわる者たちの動きを統一させて効率化をはかるほか、作業方法や工程・時間等を歌で指示・調整して手際よく進めるという目的がある。二つに歌には単調な作業からくる疲れや退屈（たいくつ）をまぎらわし、辛（つら）さを癒して元気づかせるはたらきがある。歌をうたうことによって余念なく作業に集中する一方、素朴で大らかな性愛の歌や機知に富んだ歌は笑いとともに慰安を一同にもたらす。三つに男女の恋心を託した歌は、精神を高揚させ、相互の協調をうながす。四つに歌詞には作業成就や豊穣への祈願と感謝、そして祝福への呪術宗教的心性がこめられ、声に出してうたうことによって労働に祭儀的性格を付与（ふよ）するはたらきがある。五つに歌は口承文芸と音楽のコラボレーションで、おしなべて遊び心をよびおこし、うたうほどに感情がたかぶり、エクスタシーの境地へといざなう。

しかして、歌はケ（褻）の日常的な労作をハレ（晴）の聖なる祭儀へと転換させ、労働と遊びと祈りとを一体化させる。早苗（さなえ）の植えつけにともなってうたわれる田植え歌は、そのことをもっともよく表現している。田方・駿東両地域の田植えは儀礼性に富み、サオリ田において朝歌による神迎えの後に田植えとなり、一日の時と作業の進捗にあわせて昼歌、夕歌とうたい、終了時にあがり歌をもって田の神送りをする。

このしくみは中国山地に古くから伝わる大田植(おおたうえ)・花田植(はなたうえ)といった田植え儀礼に似ている。サンバイという音頭をとる者の司宰(しさい)のもと、着飾った早乙女(そうとめ)たちが笛・太鼓の囃子にあわせて歌を唱和しながら田植えをする。中世の末にまとめられた『田植草子』という歌本には朝歌・昼歌・晩歌一二番の田植え歌が記載されている。静岡県の田植えは民俗芸能こそともなわないが、一日の時と作業の進展にあわせた歌の組織と詞章の類似性からして儀礼の遺風を色濃くやどしている。

麦つき歌・地づき歌も田歌とひとしく労作歌の本質的な要素を内包し、歌数が多く、文学性・民俗性ともに富んでいる。

祝い歌は生産や作業の折り目、誕生・結婚・年祝いなどの人生儀礼、建前・渡座(わたまし)や屋根替えなどの家屋の新改築にともなう建築儀礼など、人や家、あるいは地域のさまざまな慶事の際に寿(ことほ)ぎ、かつ予祝してうたうめでたい歌で、古来の言霊信仰(ことだましんこう)にもとづき、呪的な祈りと祝意をあらわす。代表的なものに嫁入り歌、酒盛り歌があり、とりわけ伊勢音頭はさまざまな場面でうたわれる。祝儀の宴(うたげ)も『竹取物語』にみえる、かぐや姫の成女式にともなって催された、あまたの男衆を招き入れての「遊び」にかようものがある。

祭りは神霊を招き迎え、供物や舞いを捧げて饗応(きょうおう)接待し、真心をこめて祈りと感謝の意をあらわすことを基本にし、この際に用いる歌には神迎え歌・神幸歌・神送り歌などがある。なお、祭り歌のなかには祝い歌との境界がつけにくいものがある一方、神事芸能にともなう歌のなかには民俗歌謡といえないものがある。

　遊び歌は主として民間の儀式にうたわれるもので、初春の田遊び歌はじめ盆踊り歌・雨乞い踊り歌などがある。「田遊び」は、稲の豊作を予祝する芸能で、田打、種蒔き、苗讃め、田植え、鳥追いなど、近代以前の稲作を中心にした農事を芸に仕組んで模擬的に演じつつ中世芸能の遺音をとどめた古歌をうたう。

　雨乞い踊り歌は日照りのときに神仏に降雨を祈って踊りうたう歌で、田遊び同様に神に祈願をこめるという目的からすると祭り歌と隣り合わせている。

「ひよんどり」は社寺のご開帳に、普段秘宝とされている神仏の像を公開して人々の礼拝に供する宗教行事において、参拝の老若男女が歌をうたい交わし、舞踏した歌垣の遊びで、若い男女にとっての求婚の機会でもあった。ちなみに『常陸國風土記』の校訂者は「遊」を「うたがき」とも訓じている（日本古典文學大系2『風土記』）。

　盆踊り歌は盂蘭盆の十三日から十六日にかけて、精霊を迎え、慰め、送るために舞踏する踊りの音頭をとるためにうたわれる歌で、県内各地にそれぞれ特色ある踊り歌が伝承されている。

子守り歌には遊ばせ歌、寝かせ歌、守り子の述懐の三種がある。この場合の述懐は愚痴をいいたてるという意味で、守り子奉公する年端もゆかない少女が、がんぜない稚児の守りする苦労とわが身の不幸を嘆いたもので、母親たちが目を細めてうたう歌とは対照的である。子守り歌を柳田國男は「童歌」の種目の一つに数えているが、大人や守り子が子守りという仕事にともなってうたう歌であるので別立てにしてみた。

子どもの遊びには無心に動きまわったり、口遊びや遊戯に興じたり、遊技を競ったりと多様な遊びごとがあるが、その種類も遊び歌もきわめて普遍的で近代になって流行をみた唱歌や童謡の類もかなりある。一方、村の年中行事のなかには、子ども集団がかかわる信仰行事が少なからずあり、子ども組が活動する場となっている。

わらべ歌には子どもの遊技・遊戯歌の類を、口遊び歌には柳田分類案の遊び歌にある歳時歌の類を当種目に移した。ところで、生産儀礼にかかわる年中行事歌は冒頭の農耕儀礼の項で扱うこととする。

これまでほぼ柳田の分類案にそって種類ごとの機能と意義とを概説してきた。その過程で分類の難しさをあらためて実感した。種類の間の境い目がはっきりしない歌もあれば、うたわれる状況により複数の種類にまたがる歌も少なくない。したがって本書では適宜種類間の変更をおこなった箇所のあることをことわっておきたい。

ときに、通語の「民謡」という呼称に代えて、書名に「民俗歌謡」という用語を採った意図は、柳田が規定した作者のはっきりしない歌、庶民たちが生活の場に取り入れて長くうたい継いできた歌に内包されている精神文化すなわち民俗性に根差している歌を、「民俗歌謡」とした国文学者・臼田甚五郎の提唱を受けたところにある。

従来、民謡は民俗の壌土から摘み取り、詞曲を標本として記録する傾向があったが、民俗学の視座から総合的に考察してみる必要があろう。

著者が静岡県下の民謡調査に着手したのはわが国の高度経済成長が一段落した一九七五年のことであった。各地を訪ねて、生産にかかわる労作歌を中心とした民俗調査をおこなった。そのころの伝承者は明治期生まれの方々が大部分で、大正期から昭和初期にかけての経験にもとづいた前代の習俗を口受した。昭和初期から半世紀あまりも経過した今日では、労働をとりまく環境がまったくさまがわりして、習俗や歌詞を知る者はほとんどなくなった。

労作歌の類と近代の農耕習俗の臨地調査はおそらく二十世紀末をもって終局を迎えたであろう。こうした時期に遅まきながらも農山漁村の伝統的な庶民生活に根差した歌謡を、その基盤たる民俗とともに記録保存する意義は決して小さくないと思われる。

※本書で掲載の市町村名は、調査時の採集場所名とさせていただきました。現在の市町名は、巻末の「採録時の静岡県市町村図」の合併後の市町名をご覧ください。

目次

はじめに――口承文芸と音楽のコラボレーション―― 3

第一章　労作歌 17

一　田歌 17

（一）代掻き歌　代掻きヨンヤサ、ヨンヤサ 37

（二）苗取り歌　イナゴはどこへ止まろうな（田方地方） 39

朝起きて髪結い上げて苗取れば（北駿地方）

（三）田植え歌　今朝のササの露でな　釜を磨き給えよな（駿東・北豆地方） 50

朝歌は七里までの祝いなり　見る聞く人も祝いなり（北駿地方）

（四）草取り歌　声はすれども姿が見えぬ　あれは深野のキリギリスよ 82

二　麦つき歌　酒よりも肴よりも十三小女郎が目についた 84

三　臼ひき歌　織女様の申し子でお手は書く　御器量は他人に勝れる 101

四　茶歌 105

（一）茶摘み歌　広い茶園に揃うた摘み手　白い菅笠赤襷…… 106
（二）茶揉み歌　お茶のデングリ揉みゃ　小腕が痛い　揉ませたくない主さんに… 109
五　地つき歌　ここは真ん中大黒柱よく心揃えておつきやれ　おつきやれ…… 110
六　船おろし・盤木おろしの歌　今日は吉日盤木おろす　船子喜べ日は酉の日よ…… 114

第二章　祝い歌 …… 117
一　嫁入り歌　めでためでたのこの長持ちは　綾や錦で蓋跳ねる…… 117
二　若い衆座敷の歌　めでたい座敷は　鶴と亀とが　舞い遊ぶ…… 122
三　えんころ節　きさらぎ山の楠の木を　船に造りてはや下ろし…… 128
四　棟梁送り歌　一じゃ大山ヤエー　一じゃ大山石尊様だ…… 131
五　渡座の歌　鶴が千年亀が万年　東方朔（とうぼうさく）が八千年　今宵御当家の家移りで…… 133
六　土肥大漁節　八重の潮路を乗り越えて　万祝揃えて大瀬参り…… 135
七　棒木歌（遠江船歌）　沖は波気だ　赤みが見ゆる　ここが若い衆の腕試し…… 137

第三章　祭り歌 …… 139

一　お太鼓祭り歌　御代はめでたの　若松様よ　枝も栄えて　葉も茂る……139
二　大太鼓祭り歌　伊勢じゃ古市油屋おこんさんよ　器量好し愛嬌者よ……147
三　鹿島踊り歌　千早振る神々をいさむなれば　みろく踊りめでたし……150
四　御船歌……153
第四章　遊び歌……156
一　駿河舞歌　恋ふらくは富士の高嶺の鳴沢の如……156
二　田遊び歌……158
三　ひよどり歌　すいも甘いも身に持つ故に　色づきゃ裸になる蜜柑……163
四　盆踊り歌　踊り踊るならしなよく踊れ　しなのよい娘を嫁に取る……166
第五章　子守り歌……173
一　遊ばせ歌　お月さんいくつ　十三七つ　まだ年ゃ若いな……173
二　寝かせ歌　この子のかわいさ限りなさ　天に昇れば星の数……175
三　守り子の述懐の歌　もんりというもな辛いもの　お母さにゃ叱られ子にゃ泣かれ……177

第六章　わらべ歌

第六章　わらべ歌……180

一　遊戯歌……180

（一）手毬歌・毬つき歌　大黒様という人は　一に俵を踏まえて……181

（二）お手玉歌　おみんなおさらい　おひとつ　おろしておさらい……184

（三）手合わせ歌　一つ雛が豆食っちゃ　タイノコタイノコ……185

（四）指遊び歌　子どもと子どもが喧嘩して……187

（五）オニ決め歌　隠れん坊の呪いは　チョウチョに桜の花……188

二　歳時歌・口遊び歌……189

（一）正月歌　正月来たっちょ　蒲原山から来たっちょ……189

（二）口遊び歌　カラスカラス勘三郎　親の恩を忘れるな……190

静岡県の風土と民俗歌謡……193

あとがき……200

目　次

本書関係著者執筆文献等……202
採録時の静岡県市町村図……204

南部絵暦（部分）　田植えと稲刈りの適期を絵で示している

第一章　労作歌

一　田歌

年中行事と稲作儀礼

年中行事は年ごとに一定の日もしくは暦によって決められた日に社会的慣行として周期的に繰り返される一連の行事で、多くは儀礼や礼式をともなっている。地方暦で起源がもっとも古いとされている伊豆国三島暦の簡略版は八十八夜・入梅などの主要な暦日を記している。これを誰にもわかるように絵であらわしたのが江戸時代後期に旧盛岡領で作られ始めた南部絵暦である。これには鉢・重箱・鉢と掛けて八十八夜、荷奪いと掛けて入梅、芥子と掛けて夏至というように判じ絵をもって暦日を指している。

中折紙一枚に刷られた木版暦であるから、中国伝来の二十四節気と日本独特の雑節中の主要と認識されたもののみ採択されているが、それらに伍して田植えと稲刈りとの場面があるのは、稲作農耕重視のあらわれにほかならない。

わが国は伝統的に稲作を中心とし、それにムギ・アワ・ヒエ・ソバ、その他の雑穀生産の畑作を加えた営農がなされ、その生産過程に応じ、折り目ごとに農耕儀礼が執りおこなわれてきた。ことに稲作儀礼は正月の予祝儀礼に始まって種下ろしから刈り上げまで一連の儀礼で編成されている。これに年中行事が並行、毎年同じ暦時に一定の様式の行事が実施される。

予祝儀礼は、実際の農事に先立ち、小正月を中心に家ごとに稲作を主とした生産の順調な運びと豊穣を祈願しておこなう呪術宗教的な一連の祭事で、七日正月の七草から始まって、二十日正月で一段落する。

七日の宵の晩を六日年越しといい、六日の晩または七日早朝に年神棚の下に切盤をすえ、盤上で野草のナズナ、セリ、ハコベに野菜を加えた七草をメグリボウ（擂粉木）、シャモジ、包丁などをもって、刻むように叩きながら、次のように唱える。

七草ナズナ　唐土の鳥が日本の国へ渡らぬ先に　合わせてバッタバタ（県下各地）

七草ナズナ　唐土の鳥と田舎の鳥と　日本の橋を渡らぬ先に　合わせてバタバタ
（御殿場市沼田）

細かく刻んだ七草を七日の朝に粥（かゆ）へ炊き込み、無塩の粥を神棚に供えて豊作を祈願した後に、粥に塩味をつけて家族がいただく。そして、七草がたくさん入った粥を「田んぼにカッチキがいっぱい入っているから、今年は豊作だ」といって慶（よろこ）ぶ。カッチキは山野の草や樹木の若葉を緑肥として水田に鋤（す）き込む苅敷（かりしき）のことで、七草をこれに見立てたのである。七草叩きは農作物を食い荒らす害鳥を追い払って豊作を願う鳥追い行事で、大きな音を立てることに意味がある。

正月十一日の早朝にはウナイゾメ（耕い初め）をする。県中部・西部では田打講ともいいならわし、農事始めの儀礼の一環として鍬（くわ）で田を打ち、作神をまつって豊作を祈る。作法は地域によって異なり、熱海市下多賀や中伊豆町原保では田んぼへ出て鍬で三カ所起こし、これに御幣（ごへい）を立て、塩を撒（ま）いて清めた上、神酒と割り餅とを供えてまつる。それから少し離れて、各所に早稲（わせ）・中稲（なかて）・晩稲（おくて）と見立てて配した餅をカラスがついばむのを見とどけて、その年に作るべき品種を占(うらな)いさだめる。県中部・西部もほぼ同様で、田んぼの稲株を三鍬ずつ三か所起こして、そこにススキを数本ずつ差し立て、これにオマツ・メマツ（雄松・雌松）を添え、神棚からさげてきた餅紙(もちがみ)の一端を手でさばいてこしらえたオンベ（御幣）をくりつける一方、盛土の上に餅紙を敷いて割り餅を供え、その前で日の出を拝する。その餅にかびの生えぬうちにカラスなどの鳥が食ってしまえば縁起がいいとしている。これはミサキ（神の使者）たるカラスなどの鳥がついばむ順序や、ついばむかどうかで神意をうかがう儀礼で、榛原郡には田打講をカラス講とよんでいる所もあり、カラスについばまれたことにより、豊作の願いが神に受納された証(あかし)とする心意が読み取れる。

当日朝は鏡開き、蔵開き、臼起しなどの儀礼日にあたり、大正月に各所へ供えた鏡餅をさげ、それを割って臼に供えた米と一緒に雑煮(ぞうに)に炊いて神棚に供え、次いで家族もいただく。その際、雑煮が熱いからといって吹いてはならないとされている。耕作期に強風の障(さわ)りがあってはならないので、類似の状況を引き起こすような行為を忌(い)むことに儀礼としての意義がある。

北駿一帯では田畑のヒトマチ（一町＝耕地の一区画）ごとに、タロージ（田主(たあるじ)の県東部・伊豆における呼称で、各農家の農事司宰者）がマチの中央を数鍬起こしてボーカザリ（棒飾り＝腰丈ほどの長さの柳の棒の頭部に紙垂を飾ったもの）を立て、起こした土の上に、鏡割りのときに生じたコバ（餅片）または賽の目に切った餅と、細かく刻んだ干柿を撒いて祈り、御殿場市印野では「今年も豊作になりますように……」と唱えて祈る。ところで印野の鈴木文逸さん（明治三十二年生）は「鳥に荒らされないように供養する」とも語られたが、それは烏勧請、つまり神の使いのカラスを請じ迎えてまつる心意のあらわれであろう。

なお、北駿では昭和初期までは小作農たちが十一日の暁に他に先駆けて小作地のウナイゾメをし、地主の了承のあるなしにかまわずボーカザリを立てて、耕作の権利を表示したという。

正月十五日をモチイ、二番正月ともいい、前後数日間にわたり農作物・成木の予祝儀礼や卜占儀礼、火祭り儀礼など多彩な行事をおこなう。地域間には朝と夕もしくは一日の日時のずれはあるがほぼ同様の儀礼を実修する。そしてモチイの前夜を十四日年越しとよび、重要な折り目としてきた。民間ではむかしから月の満ち欠けを基準とした陰暦により、望月（満月）の日に合わせて儀礼をいとなむことが慣例となっていて、当日から翌十五日にかけて集約的な農耕儀礼の展開をみている。

十四日には削り花などの物作りやメーダンゴ（繭団子）を作り、大正月に準じて神棚や屋内の飾り直しをする。削り花の材料は正月四日の初山入りの際に山から迎えてきたカツノキやマメブシ・ニワトコの類で、これを短く切って細工する。短小のものを山形（やまなり）に結び合わせて山積みの米俵になぞらえた福俵、その他臼・杵（きね）・鋤（すき）・鍬などの各種道具の模型とともに、神棚に棒状のものや先端を花のように削ったものを竹の柄に差し、粟穂（あわぼ）・稗穂（ひえぼ）になぞらえて神棚や玄関先に飾る。また、直径五cm、長さ五〇cm前後の棒の手許一五cmばかりを残して皮をすっかりはぎ、先端に十字形の割れ目を入れたダイノコまたはダイノコンゴーと、これより小振りで割れ目を入れないショーノコとよぶ祝い棒を作る。ダイノコを粥掻き棒、ショーノコをナリモッソ棒という別名でもよぶ。なお、祝い棒をダイノコ一本だけですます地域もある。十四日年越しの夕方か翌十五日早朝には各地でサイトヤキあるいはドンドヤキなどと称して大正月の飾り物を焼く火祭りをする。県東部と伊豆では塞（さい）の神（道祖神）祭りとしておこなっているところに特色がある。

　十五日の早朝に小豆粥をする。片粥というのを嫌って七草粥と両度に小豆粥を炊き、割れ目にダンゴを挿んだ粥掻き棒をもって粥を掻きまわす。粥を三回掻きまわして棒を引き上げ、割れ目に入った粥の量をみる。これを早稲（わせ）・中稲（なかて）・晩稲（おくて）と三度繰り返し、粥粒の多少により、その年の作柄を占う。

次いで、伊豆ではナラズカ、駿東ではナリモッソといって成木責めをする。家の周辺にあるカキやナシなどの果実の成る木の許（もと）において、親子または兄弟の片方が棒をもって、次のように唱えながら幹が傷つくほど強く叩くと、もう一方がそこへ小豆粥を進ぜる。なお、鉈（なた）でもって切りつける事例も少なくない。

ならずかなるまいか千百俵（たわら）　なろうと申せ　ならなきゃぶっ切るぞ
高（たけ）い所（とこ）へなると鳥が取るぞ　低（ひけ）へ所（とこ）へなると子どもが取るぞ
中所（ちゅうどこ）へたんとなれ　たんとなれ
（三島市梅名・韮山町奈古谷）

なりもっそうなりもっそう千百俵　なるかならねぇか
ならねぇというと鉈でもってぶっ切るぞ
高ぃ所になると鳥がもぐぞ　低へ所になると子どもがもぐぞ
中所へなれなれ
（御殿場市印野・小山町用沢）

カキの木ならすかなるまいか　ならすと申せ

無駄花咲くな　遠なりするな
元から末まで千百俵千百俵　お願い申す　（富士川町北松野）

（柿の木柿の木）ならずかなるまいか　なろうと申せ千百俵
甘いか渋いか　渋いとぶっ切るぞ　甘いと申せ　（大仁町吉田）

問　なるかならんか　ならにゃぶっ切るぞ
答　なりますなります　（春野町勝坂）

唱え言や問答と刃物とで果樹を威嚇し、木の霊に豊稔を約束させる呪術的儀礼である成木責めと、それに前後しておこなわれる粥占いの行事は県内はもちろん、全国的に伝承をみている。

なお、この祝い棒は一種の呪力を秘めていて、子孫繁栄のために嫁の尻を叩いて多産を促す呪物ともなっている。『駿國雜志』（阿部正信　一八四三年）には十五日の粥掻きに続いて、次のような記述がある。（注　現代語に改めて援用）

今日村里の児童が△△の形に木を削り、これを携えて太神楽のしりへ随って村中を歩きまわる。これをダイノコという。この太神楽に出る者は農家の壮年者である。（中略）もし新婦がある家に行くと、児童が花嫁の側に寄って、

御方（おかた）は内にか　御祝（ごいわい）に参った

こういって、かのダイノコをもって、御方の背中（せなか）や腰、あるいは尻と、当たる所を選ばずに打つのをならわしとする。これは新婚を祝賀する行為である。

かつては嫁叩きの習俗が県内にも広くおこなわれていたらしく、北駿では、その呪力によって生まれたと想定された子どもを「ナリモッソゴ」と呼んだという（『御殿場市史　別巻I』昭和五十七年刊）。なお、文中の「御方」は他人の妻をさす尊敬語である。

このように豊穣多産の呪力を発動する神聖なダイノコを、小正月の儀礼の後は神棚にまつっておき、八十八夜前後のころ、種籾（たねもみ）を播（ま）いた苗代のミノグチ（水口）に差立て、その畔（くろ）へトリノクチ（鳥の口）と称してヤコメ（焼米）を一摘（ひとつま）みずつ三カ所に進ぜて、カラスが種籾を拾わないようにと祈る。粥掻き棒の割れ目には小正月のダンゴを挿んだまま立てる所もあ

雨降山大山寺の烏守り札　中央上部の宝珠頭に二羽の鳥が向かい合っている

るが、伊豆と北駿では相模大山の御札または護符を棒に巻きつけるなり、挿むなりする。

相模大山は神奈川県伊勢原市にある霊山で、古くから雨降山とも称し雨乞いの山として農民の崇敬を集めてきた。山中には大山阿夫利神社と大山不動尊（大山寺）とが鎮座、作神として信仰されている。節分の前後に登拝し、神社において正月七日に執行の農作物の神占による筒粥表を、また不動尊においてカラスマブリ（烏守り）の護符を拝受した。

伊豆の韮山町奈古谷、大仁町吉田、三島市中郷地区などでは昭和初期から中期頃までは大山講をしていて、毎年講中で代参をたてて大山に参詣、代参者が一夜のお籠りをして帰着すると講中に筒粥表と護符とを配った。ちなみに、篤信者は現在も登拝をおこなっている。北駿の御殿場市沼田、裾野市葛山地区にもかつて大山講があって毎年代参者二名をたて、小山町用沢では任意で参籠した。節分の年越しの日には大山で籤引きがあって、特賞は米一斗となっていた。御師の宿があって、かなりのご馳走にあずかった。阿夫利神社に参拝して筒粥表を、不動尊の護摩堂でご祈禱してカラスマブリの護符を受けて帰り、講中のあった所ではその晩に講宿に会し、掛軸と護符を座敷の床の間に飾って共同飲食をおこなった。なお、北駿各地は檀家にもなっていてアキ（収穫期）が終わってから御師が祈禱料として各戸米一升宛を集めて廻った。また、正月にも御師が年始まわりに訪れ、子どもが喜ぶ独楽と羽根を土産に配札をおこなった。

　正月二十日は「二十日正月目が覚めた」などといって、正月行事の区切り目として、飾り物など一切をかたづけて、翌日から平常どおりの生活にもどった。

　ところで、立春前日の節分にも予祝儀礼がおこなわれ、ヤッカガシによる邪気悪霊を避けるための呪術と豆占の占術がおこなわれた。当夜に炒り豆をもって鬼遣らいをするが、それに先立ってカヤの幹にイワシの頭を挿し、豆幹を焚いてこれをあぶる。その際にヤッカガシを手に持っては、「カラスの口焼き　ペッペッ」と作物を害する鳥や虫の名を一つずつ唱えては唾を吐きかける。カラスを始めとして、スズメ・ノウサギ・ヨトウムシ・ウンカ・ズイムシ……と言挙げする。これをジョウグチ（門先）の柱などに刺し立てて、豆撒きをする。それから、囲炉裏の火床の周りにその年の月の数にならって一二個ないし一三個ならべて、その焼け具合をみる。白い灰になればその月は晴れ、黒くこげれば雨、火を吹けば風の日が多いなどと占う。ちなみに陰暦の閏年にあたる年は閏月を加え一年が一三カ月となる。

静岡県における民間の農耕関連の予祝儀礼は右のとおりで、これを便宜的に分類すると、①農作物豊穣儀礼、②害鳥獣・害虫を防ぐ儀礼、③卜占儀礼、④火祭り儀礼の四種となる。

一方、神社・寺院・仏堂などにおいて、氏子・檀家奉仕のもとに、予祝儀礼がおこなわれている。農作物豊穣儀礼は「田遊び」系の芸能で、年の初めに稲作を主とした農作物栽培耕作の過程を年神に演劇的な身振りや歌舞によって模擬的に演じてみせて、かくあれかしと豊作を祈る感染呪術で、〝鳥追い〟〝大弓放ち〟など害鳥獣・害虫や悪霊を放逐する儀礼までも含んでいる。芸能の演目構成は所により多様で、稲作・畑作のほか養蚕などの有機的生産の過程までを範囲に取り入れている。筒粥の卜占儀礼も各地の社寺で執行されている。

このように幾重にも予祝儀礼を遂行してきたのは、その年の農業生産の成就を、農耕民族たるわが国の人々がひたすら念願したからにほかならない。なお、七草と節分との鳥追い、ウナイゾメと節分との作占いなどの行事の重複ともとれる事象や、前後の順序が乱れているともとれる現象は陰暦（旧暦）から陽暦（新暦）への移行によって生じたものであろう。農耕にかかわる儀礼は本来、満月を基準とした小正月におこなわれるべき行事であった。

農耕儀礼の多くは年中行事として一定の暦日におこなわれる事例が多いが、実際の農作業は暦を標準としながらも、その年の陽気や植物の生育状況などに応じて適期を見きわめて実施された。それがいわゆる自然暦で、自然現象―ことに草木の開花と、その土地のシンボル視されている山の残雪および雪が消えて現れた地肌の形を人や馬・鳥の動物に見立てて、苗代への種籾播きや田植えの時機をはかる。

苗代の水口にダイノコとともに中伊豆町上白岩、大仁町吉田、中伊豆町関野などではツツジやウノハナの花枝を挿すのが習俗となっていた。また、ビワの実が色づくころが種籾播きの適期ともされていた。御殿場市沼田では「コブシの花が咲いたら種籾を見よ」、あるいは「イモの種を見よ」ともいった。ちなみに、サクラの開花が遅い北日本の山間地域ではコブシの花を「種播き桜」とも称した。県東部地域と伊豆の田方郡では富士山を日常的に観天望気の対象としているが、雪形と積雪量は農作業の開始時期やその年の作柄および天候を占う標準ともされていた。

富士山にカンヌキ（帯状の層雲）がかかると雨になる。

　前方の雲はその日のうちに、背後の雲は二、三日後に降る。

富士山に積雲がかかっていると、後に天気がよくなる。

富士山に煙のような雲がかかっていると、後に風が吹く。（沼津市大平）

宝永山の中腹の雪形がノーマ（野馬）の形に見えたら田仕事を始める。

雪解けの水量と水のぬるみ具合をみて種籾を播く。

富士山や愛鷹山などの雪量が多い年は豊作。少ない年は旱魃（かんばつ）。（御殿場市印野）

自然条件の影響をこうむりやすい農業にとって、サクラの開花がものがたっているように南国と北国とで季節差の大きい日本列島においては、全国一律の暦日を目安とするよりも自然の息吹（いぶき）をよりどころとして作業を進めるほうがより的確である。こうした知識は地域の人々が長年かけて培った経験的事実にもとづいたものである。生物季節の顕著な花樹の開花は季節の神の来訪を告げる現象とも、依代（よりしろ）ともみなされている。ところで季節の神とはいったいどのような性格の神であろうか。ここで農業神の問題に触れておかなければなるまい。

年神と田の神

正月は正月様をわが家に迎えてまつる儀礼である。正月様を一般的には年神とも年徳神ともよんでいるが、いったい農業生産とどのようなかかわりがあるだろうか。小正月を女正月というのにたいして大正月を男正月または「正月男の盆女」などといい、多くの家では年男が神祭り一切をとりしきるのがならわしとなっていた。

　韮山町奈古谷の木内家では家例により、跡取りの男子は年夜から正月三日にかけての三箇日は年神棚の下に寝て朝に供物の上げ下げ一切をおこない、妻との共寝を避けるならわしとなっていた。かつてはこのような習俗が広くおこなわれ、田植えの日に雨に降られると、他人から「なんたち（汝達）悪いことしたずら、お行儀悪かったずら」といってひやかされたという。

　年男は歳末になると煤払いを手始めに、年神棚に飾るマツの枝、ユズリハ、ウラジロを山から迎える。その後、身を清めたうえ、新藁をもって注連縄作りをする。田方郡とその近在では年神棚に飾る注連縄は七五三に垂れをつける通常のそれではなくて、長さ一・八ｍあまりの割竹に稲藁のミゴ（穂先）を編みつけて茎を一様に瀑布のように垂らす。ちなみに、沼津市大平ではこれをケダイとよんでいるが、それは当地区で一般的に藁製の背中蓑をさす名称ともなっている。このほかに年神棚特有の飾りとして、藁の小束をミゴの部位でX状に交叉させたツノカザリ（角飾り）を作る。

それから年神棚の設営にかかり、長さ一・八m、幅四〇cmほどの新しいマツの棚板を広間の天井から縄で吊り下げ、これに注連縄とツノカザリとを飾り、それぞれの中央にダイダイ（橙）、串柿、昆布、ユズリハ、ウラジロと紙垂とを飾りつけ、そして、懸魚の塩鮭一尾を棚下へ吊りさげる。

北駿のお飾りはたいへん手の込んだ民芸品級のもので、太い船形の牛蒡注連に米俵を山形に積みあげた宝船、この下に三把の藁束を逆さに垂らしたものなど、家ごとに競って見事なお飾りを作る。神社正面には特に立派なお飾りを掲げる。

年夜にはオソナエ（供え餅、鏡餅）と神酒、御飯、煮染とソバを供え、灯明をあかす。オソナエには餅紙といって中折紙か半紙を敷く。食べ物は鉢とかオブッキという神仏専用の食器とされる木皿に盛って供える。

元朝には年男が早起きして、新調した手桶に若水を汲みとって、神仏に供える一方、囲炉裏火で沸かして茶をいれる。また、ダイコン、ニンジン、サトイモ、昆布などの具に餅を入れた雑煮を炊いて、味つけ前のを年神棚はじめ、大神宮棚、仏壇、そのほか土蔵や付属屋舎の神々に供えて、拝礼を捧げ、五穀豊穣と家業繁昌とを祈る。家族には味つけした雑煮を食べさせる。年男の務めは通常三箇日(さんがにち)となっているが、家によっては五箇日、七箇日となっている。

正月十一日にウナイゾメをする。ただし、田方郡では今日(こんにち)、四日の行事となっている所が多い。三鍬ほど掘り起こした田んぼの土塊(つちくれ)にカヤまたはアクシバなどの草木を挿し立て、これに年神の餅紙をさばいたのを紙垂として田の神をまつる。大正月にまつられる年神は田の神・作神あるいは祖霊とも観念されていることのあらわれであろう。

小正月に粥掻きと、成木責めに使われた祝い棒を、一旦神棚に上げておいた後に、種籾播きのときに苗代の水口に立ててまつる。稲作の守護神としての作神の性格を帯びている祝い棒に添えてまつるツツジやウノハナの花枝は、山の神の依代とみなされる。年神、祖霊神、作神、山の神は複雑に関連し合いながらも、田の神としての性格を共通に内包しているとみることができよう。

田の神はさらに屋内の土間に据えられている竈(かま)の神、荒神とも深くかかわっている。田植えがすむとサナブリと称して、初田植えのサオリに迎えた田の神送りをする。小山町用沢の遠藤精さん宅ではきれいに根の泥を洗い落とした早苗(さなえ)一把をもって、竈の前に掻き出した灰の中に、田植えになぞらえて三通りぐらいに植える真似をした。また、御殿場市中畑の勝又うきゑさん、勝又さだ子さん両家ではサナブリに、竈の前に早苗三把を供えて荒神様を拝み、次いで、

酒部屋のエベスの注連は幾重とる　七重も八重も九重も

とエベス（恵比寿）をまつる田植え歌をうたいながら竈の前に掻き出した灰の上に三株、五株、七株と末広がりに早苗を植える儀式をおこなった。

他に、三把の早苗を変わり物（小豆飯や箱鮨などハレの食）の供物とともに竈の前に供えて荒神（こうじん）をまつり、なかの灰を掻き出しておくという家もあった。火所である竈の神は家の象徴ともなっているが、その近くの柱などに設けた小さな神棚にまつられている荒神とも習合し、火を守護する神であると同時に稲作を司る田の神としての祭祀を享（う）けている。

右の田植え歌にあるエベスもまた農家にとっては農業生産を守護し、家業繁昌・五穀豊穣の福徳を招来すると信じられている神の一種で、大黒とともに福の神として居間の神棚にまつられている。県中部や西部地域ではサナブリに苗の小束をエベス棚に神酒とともに供える

家が多い。

伊豆ではサナブリに早苗の小束を荒神または大神宮様に供え、かつサオリのときと同じように赤飯なり餅・牡丹餅なりを進ぜて田植え仕事が無事にすませることができたことを感謝する。

サオリとサナブリは一対の民俗語彙で、語頭の「サ」は五月・五月雨・早乙女と田植えに関係する詞で田の神や穀霊というような霊物をさし、サオリとはその霊物の降下を、サナブリはサノボリの転訛で霊物の上昇を意味する。田植えが終了した後にうたわれる「別れるよ田の神　来年参れ」という歌からするとそのように解釈される。

サオリについていい添えると、それは家々の都合で吉日を選び、家の近くにあって水まわりのよい田んぼを「サオリ田」として初田植えをする儀式で、前日のうちに餅をついてその日に備え、翌早朝には赤飯か餅と神酒とを荒神はじめ、屋内の神仏に供え、灯明をあげて田植え作業の無事と豊作とを祈り、神酒をいただいてから、サオリ田に臨み、田植え歌をうたって早苗を植える。大安・友引・先勝と子・酉の日を選び、丑・寅・申の日を避ける。丑は牛にかよい仕事が遅いから、申は去るにかよい福運が去ってしまうから、などといわれている。

農業集落の農休み

農業集落には「農休み」または「農日待ち」という特有の休み日があり、この日を遊び日として、変わり物を作って神に供えたり、食べたりしてすごした。かつては苗代への種籾播き後から田植え後まで、頻繁に農休みがおこなわれた。サオリとサナブリは各戸の都合にまかせられているが、農休みは毎年ほぼ一定の日を期しながらも、集落全体の作業の進み具合を区長がみて、改めて触れを出し、集落一斉に休みをとった。

苗代休みは種籾播き終了後の休み日で、餅をついて神仏に供え、家族ともに食べて休養した。その後に本田作りの作業がひかえているが、雨が降るとオシメリ（お湿り）休みをとり、変わり物を作って神仏に供えたり、食べたりする。

田植え後の休みが伊豆では七月一日・二日の両日となっているが、女衆は休む暇がないので、若い衆が区長にネゲーヤスミ（願い休み）を申し込んで、あと一日の休み日をとった。その間にマンガ（馬鍬）洗いをした。これまで使用した農具一式を洗って内庭なり外庭なりに並べて神酒と餅を供えてまつった後、所定の場所に収める。荒神と他の神仏へも神酒と変わり物を供えた。

北駿ではこれより早く六月末ごろに二日間の農休みをする。ここでも若い衆が「もう一日遊ばしてくりょ」と区長に願い出て休み日をとり、その一日をマンガ洗いの日とした。両地域とも農休みまでに田植えが終了するように努め、もし遅れている家があれば近隣の人たちが作業を手伝うのがならわしとなっていた。この日は農礼といって、早乙女やヤトイド（雇い人）たちへの労賃支払い日となっていた。

（一）代掻き歌

田植え前に本田の代掻きをする。昭和十年ごろに朝鮮牛が導入されるまでは、農耕馬を使用、農耕馬を入れられない深田では足場として田んぼに沈めたマツなどの丸太伝いに胸元まで泥につかって手代（てじろ）をおこなった。馬での代掻きにはシンドリ（後取り）とハナドリ（鼻取り）の二人が携わる。シンドリは壮者の役割で、馬に曳（ひ）かせたマンガを操作する。マンガは鉄製の歯を櫛形に一〇本ほど植えた長さ一mほどの台木に鳥居形の柄をつけた耕土を掻き起こして溶解させる農器具である。代掻きは水を張った田んぼの土を掻きまわして、きめ細かくなめらかにする作業で、シンドリがマンガに全身で乗り掛かるようにして歯を地にくいこませる。ハナドリは少年でもよく、馬の鼻先に取りつけた三mほどの長さの棒を取って馬を誘導する。そのときうたわれるのが、代掻き歌である。

丹那のホラだよ　十七ゃ娘だ　ソレー　ソレー
高いは山だよ　低いは谷だよ　ソレー　ソレー
押させないようでも　押せるがどうだい　ソレ、ナッソ　ソレ、ナッソ
（三島市中郷地区）
どこの国でも焼いた餅や　おかち煮んた餅や　雑煮と決まった話だ　ソレ、ナッソ
（沼津市岡宮・風間岳南著『岡宮風土記考』昭和四十四年刊）
代掻きヨンヤサ、ヨンヤサ　鼻取りソレヤイ、ソレヤイ
代掻きキャーキ（掻き）出せ、キャーキ出せ　鼻取り富士山、愛鷹（あしたか）
鼻取りひっくり返せ、ひっくり返せ　代掻きカイコメ（播込め）、カイコメ
鼻取り撒（ま）けやい、撒けやい　代掻き均（なら）せやい、均せやい
（裾野市葛山・裾野市史調査報告書『葛山の民俗』平成三年刊）

「ソレー」は馬を追いたてる掛け声で、かなりのスピードで泥水を飛ばしながら水田を漕ぎまわる。「丹那のホラ」は熱海市と函南との間にある丹那盆地の窪地で、他に「洞（ほら）」と名

がつく小字名や呼称が伊豆には多くある。岡宮の「おかち煮んた餅」はオカンモチすなわち雑煮餅のことである。葛山の代掻き歌はその手順を指図するものとなっている。牛馬にマンガを曳かせて代を掻いたあとへ、「撒けやい」で田の隅などに積んでおいた堆肥を田面に撒き散らさせ、「均せやい」でシンドリまたはトネがオーアシ（田下駄）を履いて踏み沈めて均すのを促す歌となっている。『岡宮風土記考』によると、馬一頭で掻くのを一匹代（いっぴきしろ）といい、大きな田んぼには一枚の田に二、三頭も入れて二匹代、三匹代を掻くとある。馬が勢いづいて駆けまわるさまはさぞかし勇壮であったろう。なお岡宮では「七鍬掻き」といって縦横に七回も代を掻き、植え代掻きにはシンドリ、ハナドリのほかに、トネ衆が数人つく。トネは代掻きの後の田面を均らしたり、苗配りをする人の称である。

（二）　苗取り歌

苗取りと田植えは同じ日の作業で、通常は朝のうちに早乙女（そうとめ）が苗取りをする。施主の家人が前日の昼過ぎに苗取りをして翌日の田植えに備えることもあるが、早く取ると苗が弱る。田仕事に従事する人々を施主の家人のほか、ヤトイ（雇い）とイイ（結）と手伝いの三種に分けられる。ヤトイは日雇いで働く人「雇人（やといど）」、イイは隣り近所数戸で相互に労働力を貸し借りする「結(ゆい)」という手間換えの仲間、手伝いは分家や子分(こぶん)の身分の者、小作人を含む日頃、田主の恩義にあずかっている者達による労力奉仕である。なお、むかしの人は義理がたく、鉄漿親(かねおや)や仲人親(なこうどおや)に対しても三年間は手伝いをした。

早乙女の作業量は午前七時前後から九時半ごろまで苗を取り、ここでナカダシ（コビルとも）の食事をしてから、正午のヒルメシを挟んで午後三時前後のヨウジャの間食、そして午後六時前後の終了まで田植えにあたるが、その間に植える田んぼの面積は一人あたり五畝（五アール弱）、苗取りがなければ七畝（七アール弱）が目標とされていた。

儀礼的な要素を秘める田歌を数多く伝承しているのは富士川流域以東の地域で、そのなかでも歌詞の形式や曲節の相違などにより大雑把にみて二つの伝承圏のあることが知られる。それは①富士川流域から黄瀬川下流域・狩野川流域にかけての駿東の南部地域・北伊豆地域（以下駿東・北豆の略称を使用）と、②黄瀬川上流域の駿東の北部地域（以下北駿の略称を使用）とである。前者は古風、後者は近世風という大きな特徴を有しているので、以下地域別に苗取り歌・草取り歌・田植え歌伝承の様相を探ってみることにする。

駿東・北豆地域の苗取り歌

当地域は温暖な気候と、箱根山・富士山に発する黄瀬川と天城山中に発する狩野川とがもたらした肥沃な耕土とがあいまって、古くから稲作農耕が盛んであった。韮山町の山木遺跡は弥生時代から古墳時代にかけての農耕生活をとどめるもので、低湿地に成立した農業集落跡から、稲をはじめとする穀物と果実の種子、さらには鋤（すき）、田下駄、臼、杵（きね）などの生産用具などの出土をみている。また、三島扇状地には条里遺構があり、高度な古代農耕社会の存在をうかがわせ、古くから稲作農耕がおこなわれてきたことが知られる。

サオリの日の苗取り初めの儀礼として韮山町あたりでは最初に日の出の方角に向かって苗を取り、以下は都合のよい方角に向きを変えて取る。それから水口の畔（くろ）に苗束三把と赤飯の握り飯（にぎりめし）を供えて、苗神様をまつり、握り飯を牛馬にもやるのがならわしだった。

筆者が採録し、調査報告書に収録した苗取り歌に次の歌がある。なお、伝承者から田植え歌も採録した。

ヤレー苗取り上手の苗取りは　　ヤレー諸手がけにこがけに
ヤレー苗の中のマルスゲ　　ヤレー選（よ）り分けて取ろうよな

ヤレー今日の苗はよう取れた　ヤレー千石播きの余が取れた
ヤレー今日は苗の取り上げ　ヤレーイナゴは何処へとまろよな
ヤレー奥山の奥山の　ヤレー一本ススキの葉にとまる
（中伊豆町上白岩・下村フクさん・明治三十六年生、室野フユさん・大正三年生、静岡県文化財調査報告書第三十四集『静岡県の民謡』昭和六十一年刊、以下『県民謡』と省略）

苗取りは左右両手を使って数本ずつ小刻みに取り進め、一握りになると双方合わせて一把に束ね、ナエデバシで括る。ナエデバシは正月の年神棚を飾った注連の垂れを四〇㎝ほどの長さに切り取って苗手にしたもので、特にサオリの苗取りには念入りに扱われた。これにも年神と田の神との同一性が認められる。苗を引き抜いたあとのナエデバシも神聖視され、これを田んぼの中へ踏み込んだり、その輪のなかに苗を植えたりすることを忌み、輪の中に植えるとサシデ（利き手）が痛くなるなどといった。マルスゲはスゲ属の草木の一種で、雑草。「千石播き」は苗誉めで、普通は種籾三升播きで一段歩（一〇アール弱）に植えるだけの苗が栽培できる。イナゴは稲の葉や茎を食う害虫であるからウンカやメイチュウなどと共に追い払ってしまいたいところであろうが、それどころか「稲子（いなご）」は苗に宿る精霊として神聖視され、同じ類の歌が各地でうたわれた。

ヤレー今日は苗の取りじまい　ヤレーイナゴはどこへ飛ぼうよな
　ヤレー奥山の奥山の　ヤレー一本（ひともと）ススキの葉にとまる（大仁町吉田）
ヤレー今日は苗の取り上げ　ヤレーイナゴはどこにとまろうな
　ヤレー山奥のオザサ・メザサにとまろうよ（三島市・韮山町・伊豆長岡町）
ヤレー今日は苗の取り上げ　ヤレーイナゴはどこへ住まずや
　ヤレー山奥の奥の一本エノキの葉にとまる（土肥町）
ヤレーこの苗を取り上げてどこに住まずやイナゴや　キリススキ・ヨシの裏に
（下田市）

ススキ・ササ（小竹）・エノキはサカキ同様に神霊が拠（よ）り所とする植物である。佐久間町保存伝承の民俗芸能「花の舞」の神楽歌には「山の神育ちは何処（いずく）奥山のとやまの奥の榊葉（さかきば）の本」と、その根源を説く一節があることから、この苗取り歌は稲霊（いなだま）（稲の穀霊）にかかわる

伊豆の苗取り歌

採録：石川純一郎　　採譜：山崎　正嗣

歌とも解釈できよう。

同類の歌は広範な伝承をみていた。田歌研究家・牛尾三千夫は類似の歌がほぼ全国的に分布していることを検証し、稲子は稲霊を指し深山がその去来の場所であると考察している（『大田植と田植歌』昭和四十三年）。また、柳田國男はつとに、田植え歌によく現れるイナゴの姿に田の神の象徴を認めていた証拠であると説いている（『民謡覚書』昭和十五年）。御殿場市伝承の苗取り歌に「苗取ればこだまの露で袖濡らす」という詞があり、稲の葉の露のこととされているが、これにも稲霊信仰が背景をなしていることを想像させるものがある。

苗取りには、マルスゲなどの雑草を取り除いたり、根についた泥土を苗代に張った水に浸けてすすぎ落とす過程があるので、歌をあまりうたえなかったらしい。数人であれば、それほど多くの歌をうたわなくても一節うたったあとに「そうだ、お返し」と間の手を入れ、何度も繰返しうたうことでもことたりる。

北駿地域の苗取り歌

駿河の東北端を占める当地域は御殿場市で南流する黄瀬川と、北流する鮎沢川の上流域に位置している。両河川沿いに沖積地や河岸段丘が発達し、湧水に恵まれた地域では水田稲作農耕、台地上や富士山の火山礫が残る地域では畑作農耕をいとなんでいる。

当地域ではまれにみる大きな歌謡群を伝承している。その数は草取り歌と田植え歌を合わせて五〇節にもなんなんとするほどである。それほど多数の歌謡を必要とした理由は大田植えと出稼ぎにあった。大田植えは大々的な田植えのことで、オーザク（大規模耕作）の農家を中心に大掛かりな田植えが実施された。オーヤ・オデーヤ（本家）や親分などとよばれる階層の農家ではヤトイ・イイ・テンダイの人々を動員して一斉に田植えをした。当朝一番に早乙女が苗代に入って苗取りをする。一方で男衆が植え代作りをする。一マチ（一区画の田）の大代に馬を二頭ずつを入れ、二マチを一斉に掻き、エブリ（土を均す農具）で均し、苗運びをして田植えに備える。ヤトイドには近郷や畑作地帯の人を頼み、イイには隣近所三軒ほどで仲間を組んで、互いに一軒から二人ほどずつ労働力を出し合って協力する。テンダイは分家や日頃、世話になっている子分たちからの労力奉仕によるものである。人数が多くなれば賄いも大がかりで、オーザクの衆の家族はもちろん勝手のテンダイも含めて炊事や食事の世話にてんてこ舞いをする。それで田植えは日数を重ねないで一日ですますように段取りをつけた。大がかりな田植えゆえにひときわ華やぐなかで、歌の巧者たちは自慢の喉をならした。歌唱をリードしたのは早乙女頭といわれる青壮年の人たちである。

「昔は田植え歌をうたえなければ恥だった」というのは御殿場市中畑の勝又富江さん（明治四十年生）である。彼は一三歳のときから四年間百姓奉公して二〇歳のときに早乙女頭になり、多いときは三〇人ないし三五人もの早乙女を引き連れて郡内と相模へ出稼ぎをした。「歌をうたうと米がたくさん穫れる」といった彼だが、得意先からの信望があつかったのは歌唱が上手で作業がはかどったからで、「歌ぐるみ」すなわち歌をひっくるめての仕事の依頼があり、祝儀までもはずんでもらった。

郡内は山梨県東部の地域で、現在の大月・都留・富士吉田の三市と南・北都留両郡全域を指し、地場産業の機業が盛んだった。相模は神奈川県西部地域の南足柄・小田原・藤沢の三市と足柄上・下両郡全域、県内の田方郡までも北駿の早乙女は出稼ぎ先としていた。このうち富江さんが大正から昭和の中ごろまで主な稼ぎ先としていたのは郡内の忍野村・都留市と相模の小田原市・平塚市である。五月二十日ごろまでに地元の田植えをすませると、すぐに支度を調え早乙女を引率して得意先に出向いた。その中心は中年女子はじめ男子もいれば夫婦者もいるという混成団で、むしろ男性の方が多く、代掻きもした。現地には早乙女宿をつとめてくれる民家があって寝具も支度してくれたが、仕事先への泊まり込みもあった。早乙女宿や世話好きの人は、作業の注文を受けつけておいてくれたりもする。作業は請負い仕事で、それには、早乙女の能力と依頼先の反別も事前に把握しておくことが必要で、早乙女頭はそれぞれの能力を見積っておき、現地入りするとすぐに人員の配置をする。一人の作業量は一日につき朝苗取りと田植えで五畝、田植えだけなら七畝が一人前で、手利きは一段二畝あまり植える早乙女もあった。北駿では一坪に一〇〇株植えるところだが、郡内では七〇ないし八〇株となっていた。なお、稲苗を御厨（御殿場市の中心から西方の一地区の旧名。かつて伊勢神宮の神領であったことが地名の起源）から郡内に駄馬で運んだ時代もあった。

小山町用沢の長田ヒデさん（明治二十三年生）は早乙女頭を長年務めた方で嫁のせきさん（明治四十四年生）はじめ一〇人ほどの早乙女を引率して地元小山町と富士吉田市から都留市・大月市まで郡内各地を農稼ぎしてまわった。五月中に自宅の田植えをすませ、それから地元で稼ぎ、六月に入ると七夕まで郡内に出稼ぎをした。地元では正月早々に農稼ぎの依頼があった。

郡内には早乙女宿があって毎年世話になった。郡内へ行くのに一日がかりで歩いて行き、一軒の宿に一週間ぐらいずつ泊まった。持ち物は絣の着物に向こうは蚊がいるので女性は股引、男性はズボン、そして陽射しが強いので手甲。被り物は笠に着茣蓙。農稼ぎは男性の方が多かった。

ヒデさんは歌が上手で、「手が早くなる」という評判の早乙女頭だったから、得意先から前もって自宅や早乙女宿に依頼が入っていたが、現地で道を歩いていて呼び止められることもよくあった。注文は苗代に播きつけた種籾の量により、「家じゃ何斗何升播きだが、来ておくれ」といって頼まれる。三升播きだと植え代（本田）一段歩に相当するから一人ではきついので、一人につき二升播きぐらいがちょうどよい。二升播きでは六、六畝の植え代になり、一人前の労働量とされている五畝よりはかなり多い。オダイヤといわれる昔の名主家や当世の地主家の田植えには早乙女を一〇人ほど、反別の少ない農家には種籾の量に応じて数人を配り、早朝から苗取りを始め、取りきると食事をして、それから田植えに着手した。

　午前六時三〇分から七時の間に作業を開始し、午後五時三〇分には終了する。賄いは田主持ち、早乙女の日当は白米五升となっていて、普通の農働きの三升よりまさっていた。

　当時郡内は機織りと養蚕が盛んで、田植えどきはちょうど春蚕の上蔟（充分発育した蚕を繭を造らせるために蔟に移すこと）と、夏蚕の孵化した毛蚕を蚕座に移す掃立て、さらに二毛作のムギの穫り入れなどが重なって超繁忙期にあたり、田植えは北駿からの早乙女の手を借りなければならない状況であった。

　朝田は苗取りも田植えも一連の作業であるところから作業歌の区別はつきにくいが、富江さんの伝承による苗取り歌は次のとおりである。（二節以下、掛声・囃子省略）

　朝起きてヨイヨーイ　髪結い上げて　ヤーノ庭掃けばヨイヨーイ
　　庭掃けばヤレヨーイヨーイ　悪魔を祓うヤーノ悪魔除け
朝起きて髪結い上げて苗取れば　苗取れば、こだまの露で袖濡らす
田主さん朝日が射すにまだ寝てか　まだ寝てか、朝日が射すにまだ寝てか

早朝に髪をきちんと結い上げて身形（みなり）を整え、内庭の竈の前を掃き清めて浄化することは田の神迎えの儀礼にほかならない。苗の取り上げも同様で、苗の葉に宿ったこだま（朝露）にも、かのイナゴ同様に穀霊のようなものを感得したのであろう。

（三）田植え歌

田植えは農作業中もっとも集約的に大量の労働力を要した。オーヤ・オデーヤとか、その村一番のもとになる親方や、戦後に実施された農地改革以前に広大な田畑を所有していた地主層の田植えともなると大掛りなものであった。かつては子方とよばれる分家や小作農家の手伝い人のほかに、大勢の

田方郡天城湯ヶ島町の田植え風景

ヤトイドをした。田植えは時期的に大きく制約されている。まず、六月末を期限にほぼ半月間に集落中の植えつけをすまさなければならなかったし、田植えと代掻き・代均しとを並行して作業を進めなければならなかった。かつて、農業集落にあっては一町歩ないし数町歩を経営するオーザクの農家は作業と人の遣り繰りにたいへん苦労した。

農繁期には長時間にわたる辛苦な労働に対応して朝食・昼食・夕食の中間にも間食（かんしょく）を取る。ヤトイドには朝食から夕食まで間食を含めて四食ないし五食、イイの人にはその中間の二食ないし三食を提供、そのほかサナブリにはイイの人にも酒食と供してもてなした。このため、施主の家族や手伝いの親族も煮炊きや調理などの勝手仕事や接待に八面六臂（はちめんろっぴ）の活躍をした。そのことから「内早乙女八人芸」と称し、家の者は野良仕事に出ることができないので、当主が務めるべき田主の役を親族か長年仕えた巧者（こうしゃ）に委嘱（いしょく）して現場の指揮・監督にあたってもらう。この方が田主と働き手の双方に都合がいいという側面があって、気がねなしに作業を進めることができた。

こうした大田植えの場面でこそ歌の力が発揮された。大勢の働き手が歌を唱和したり、掛け合ったりしてお祭りの気分がみなぎり、仕事がはかどった。

ヤレー歌はよいもの人ごといわでよ　ヤレー仕事が苦にせで捗（はか）がいくよ
（三島市中郷地区）

ヨーイ話は仕事の邪魔になる　ヨーイ歌は仕事のつまになる（御殿場市中畑）

御殿場市神場の勝亦しずさん（明治二十九年生）は、「歌をうたうと手がおりて作（苗の条理）が曲がらないし、腰も痛くならない」といい、歌の名手として北駿から山梨県郡内地方にその名が知られた御殿場市中畑の勝又富江さんも「歌をうたうと米がたくさん穫（と）れる」ことを実感している。歌の効用によって作業の能率向上のほか、米の収穫が殖えるとする背景には言霊（ことだま）信仰のあることがうかがえる。

田植え歌は実際の効力のほかに、田の神を栄（は）やす信仰的意義を有し、農作業そのものを祭儀たらしめた。儀礼としての厳粛さをたたえた歌に、北駿でうたわれた讃歌がある。

朝歌は七里（ななさと）までの祝なり　祝いなり、見る聞く人も祝いなり（御殿場市上小林）

清朝のろうろうたる歌声によって里も田もみな神聖化され、儀礼空間の雰囲気をみなぎらせた。

田植え歌のもっとも基本的な信仰は「田植え歌はやたらにうたうものでない」（大仁町吉田）、「田植え歌を普段うたってはならない」（中伊豆町上白岩）として聖別し、田植え時以外での歌唱を厳しく禁じていることにある。田植えそのものが神聖視されたことは、これにともなう多くの俗信の存在がものがたっている。

駿東・北豆地域の田植え歌

中伊豆町上白岩の下村フクさん、室野フユさんからは先に掲げた苗取り歌に続けて、次の田植え歌を採録した。

朝田の歌

ヤレー今朝のササの露でな　ヤレー釜を磨き給えよな

昼田の歌

ヤレー箕（み）と枡（ます）とト（斗掻き）を持ちて　ヤレー裏へまわり鍵取り

ヤレー上白米の米を何の桶でとごうよな　ヤレー柳の桶でとごうよな

ヤレー江戸紫の小袖で　ヤレー玉襷(たまだすき)捩(ね)じあげて
ヤレーお昼なかの早乙女は　ヤレー一時(ひととき)しおりしおれた

時無しの歌

ヤレーうたいそうで舞いそうで　ヤレー縁(えん)に腰を掛けそうで
ヤレー十七、八を揃えて　ヤレー金襴(きんらん)の襷で笠は加賀の糸縫い
ヤレーさがり松の下でな　ヤレー来い来いと招くなよ
ヤレー忍びの殿の定紋(じょうもん)は　ヤレー井桁(いげた)のなかの橘(たちばな)
ヤレーよく植えろ早乙女　ヤレーここは殿の見下ろし
ヤレー山々の葛(くず)の葉は　ヤレーたごりござへ盛ろうよな

夕田(ようだ)の歌

ヤレー夕日(ようひ)を見やれ田主殿(たろうじ)　ヤレー夕日は山にかかるぞ
ヤレー夕田を植えて早よ植えて　ヤレー田主殿と寝ていこう
ヤレー田主殿は年寄り　ヤレー小田主殿と寝ていこう（『県民謡』）

右は臨地採録の田植え歌のなかで、サオリから植え仕舞までもっともよく整った資料で、

明治時代から昭和初期にかけてうたわれた歌として、朝田の歌・昼田の歌・夕田の歌が全部揃って保存伝承されていることはたいへん貴重で、儀式歌謡としての様式をとどめている。なお、重要と思われる歌が各地に残存していたので、筆者採録の資料と文献資料にある注目すべき歌詞を適宜補足しながらひとわたり目をとおしてみたい。

まず、朝一番に竈・釜が歌い込まれていることは、サナブリに火の神と荒神をまつる習俗と対応するものである。田方地域における朝田の歌には次のような歌があって、早朝の景物を叙している。

　今朝の夜深に出でたらば　霧に迷ひ(い)給(たも)な（『田方郡北狩野村誌』大正一年刊）
　ならせならせ声ならせ　ならさぬ声は寝声だよ（田方郡一円）

田植えの初めに竈・釜を清めて神に祈って災いを払い除く歌と、早朝の風物をうたうことが、サオリの儀礼には欠かせないものであった。それとともに田植え歌の基本は田の神をたたえるのにふさわしく早乙女が清らかな声でうたうことが求められた。

「ならす」は喉(のど)をならすことと代(しろ)を均すことを、「声」は田に鋤(す)き込む「肥(こえ)」との掛詞(かけことば)ともなっている。

昼田の歌は田主の家において、ご飯炊きの準備に取りかかっている時分であることを教えている。時を知らせるのも田植え歌の機能の一つで、うたう時刻に応じた歌詞をそれぞれ配している。

今日のお日は何時　七つ前の八つ時（『田方郡北狩野村誌』）

はその典型で、ことに夕田の歌はそうした趣向のものが集中している。

早乙女はみな相応の身支度を整えるが、新嫁とオーヤの嫁は特に新しい衣裳を身につける。江戸紫の歌は小袖を玉襷でたくし上げて接待に立ち働く田主の嫁を描写したもので、普通は紺絣の小袖に赤襷を掛け、手には赤い手甲をはめ、着物の裾をはしょって帯に挟むのが早乙女の身形である。大掛りな田植えの場合は、田主から早乙女に祝儀として農襷や農手拭いを贈るのがならわしになっていた。昼食後は田主の家の縁側なり、田の端の土手の木陰に敷いたムシロの上へ一時横になって午睡をとる。一七、八の若い娘たちにとっては金襴の襷と糸縫いの加賀の女笠は憧れのものであったろう。ただし、歌詞は流動的で広く世間に知れわたったものであるから当地発生の歌とは限らない。昭和中期ごろまでは農家の副業として各地で菅笠が作られていた。

大日はいうまでもなく夕方の大きく輝く太陽で、田主にうたいかけて作業の終了をうながしたもので類歌が多い。

上がれと仰しゃれ田主殿、田主殿　一度で人を懲らされよか、懲らされよか

（賀茂郡南伊豆町『県民謡』）

仕舞へと仰しゃれ田主どん　一度で早乙女を懲りらすな

（沼津市原『静岡県駿東郡誌』大正六年刊）

田主は田植えの司宰者、その者にたいして諫めている。早朝からの作業でくたびれ果てた早乙女たちは一刻も早く田から上りたい。そこでうたわれるのが「あがりはか」の歌である。

あがりはかの早乙女　銭を撒いても拾うまい　金を撒いても拾うまい

（大仁町吉田『県民謡』）

「あがりはか」の「はか」は田植えのときの植え手一人の持ち幅で、最後の持ち分をいったもの。「いくら銭・金撒かれても、御免だ」という心情があらわにされている。場合によっては田植えが日没後まで継続されることがある。これを「夕田を這う」といって早乙女のもっとも嫌うことである。「そうと知れたなら早く告げて欲しかった」というのが正直なところである。

ヨーイナ夕田植えると聞いたなら　ドッコイ松明とぼ(点)しに来ようもの

（熱海市上多賀『県民謡』）

夕田を植えると聞いたなら　松明巻いて来ようもの（中伊豆町冷川『県民謡』）

筆者が周智郡春野町居寄での臨地調査で採録したものに次の歌がある。適当な資料なので援用することにする。

夕陽がつるつるつっぱえる　まんだかまちが八つある

夕田を植えると知ったならば　松明点して来るものを（『県民謡』）

「つっぱえる」は日没を、「かまち」は田一枚の呼称である。

田植えが最後の段階にさしかかると、今度はサナブリの饗宴へと関心が向かい、魚の調理を主題とする歌がうたわれる。

ヨーイ立て込んだ立て込んだ　ヨーイ鰹・鮪立て込んだ
ヨーイ何包丁で料よな　ヨーイ桧木・椹の俎板　ヨーイさんさら蒔絵の包丁で
（三島市梅名町・溝田かぞえさん・明治二十九年生、瀬川たきさん・明治三十一年生）

ヨーイ立て込んだ立て込んだ　ヨーイ釣りだいた釣りだいた　大鮪を釣りだいた
ヨーイ何の包丁で料よな　ヨーイさんさら蒔絵の包丁で
（三島市梅名・野田たいさん・明治三十年生）

魚の御馳走は昼食などにもつきもので、魚の煮付と箱鮨に、旬の物のタケノコとイモの煮染(しめ)などが添えられる。

いよいよ植え仕舞になると、田の神送りの歌を奉唱(ほうしょう)となる。

まかるぞよ田の神　来年参らう(ろ)田の神（沼津市愛鷹地区『駿東郡誌』）

わかれたる田の神　来年まゐらう(いろ)田の神　（同前）

別れるよ田の神　来年参らう(ろ)田の神（北狩野村『田方郡北狩野村誌』）

田の神送りの歌は、かつて駿東の早乙女が出稼ぎをしていた相模にも伝承をみている。

田の神に別れて行くの悲しさよ　悲しさよ、道を通りて暇乞(いとまご)い

（神奈川県足柄上郡松田町寄・内藤マチさん・明治三十七年生）

まかるぞや来年御座(ござ)れお田の神　来年御座れお田の神

（神奈川県足柄下郡箱根町宮城野『日本民謡大観4　中部編』昭和三十五年刊）

サオリに田の神を迎えてサナブリ・サノボリに送る。サナブリを地区で一斉にする集落も

伊豆の田植え歌

採録：石川純一郎　　採譜：山崎　正嗣

ヤ レー よ ーーー ー くー う
えーー ろ そ ーー お とー め ー
ヤ レー こ ーーー こ はー と
のーー の み おー ろ しー ー ー

ある。富士川流域の芝川町内房字落合では、地区の田植えが終了するとみなで農休みをしてサナブリを祝い合い、小学生を中心とする子どもたちが「田の神送り」をする。子どもたちは、新竹に紙垂(しで)をつけたオンベッコ（御幣っこ）を手に手に行列を組み、太鼓を担いで打ち鳴らしながら先頭に立つ年長者の後に続いて「田の神送れ　田の神送れ」と唱えながら地区内をめぐり、しまいに境界にある境川(さかいがわ)の橋の上からオンベッコを流れに投じて後ろを振り返らずに引き揚げる。「農神送り」と称する同様の行事は富士川町中山地区でもおこなっている。

　田の神送りを秋の収穫期にもする。三島市近郊では九月三十日に家ごとに田の神送りをする。北駿地域では十月十日に田の神を送る。これらの民俗事象に照らしてみるに田の神は常在する神ではなく、稲作過程の折目ごとに去来する神であることが知られる。田の神の送迎には段階的に三つの期間がある。第一は稲苗の植え始めから植えじまいまでの期間で、当地域でのサオリからサナブリ・サノボリまでの期間。第二は苗代の水口祭りから刈上げまでの栽培期間、第三は一年間で、年神のトシは一年のサイクルのなかで稲などの穀物の稔りをもたらす周期の意だったとされている。

ところで、前に掲げた中伊豆町上白岩伝承の田植え歌の「山々の葛の葉は　たごりござへ盛ろうよな」という一節には田の神を饗応する心意があらわれていよう。

山々の葛の葉　もてこいごうさいもろうよな（伊豆長岡町長瀬『県民謡』）
山々の葛の葉　たぐれござれ盛ろうよな
一本のススキを持って来よ　箸に折ろうよな
（中伊豆町冷川・杉本ますさん・明治三十一年生、鈴木暹採録）

繰り返し述べるが田植えは農作業ではあるが、そのいとなみは田の神をまつる祭儀性をともなっている。これらの歌謡の適切な解釈とその背景を究めるのは今日となっては難しいが、野良での昼食の際に葛の葉に供物を盛り、ススキの箸を添えて田の神をまつる信仰習俗の印象をとどめているのかも知れない。このように推量する根拠は、韮山町においてかつて苗取りに際し、田の畔に苗三把と赤飯の握り飯を供えて苗神様をまつったという習俗にある。また三嶋大社の「お田打」に飯櫃を捧げ持った早乙女が登場することからも類推される。中国山地の大田植えには田主の娘などが着飾って田の神・田人・早乙女たちの昼食を運ぶ役をする者を「昼飯持」と称し、大切な役目とされている。三嶋大社のお田打に登場する早乙女はまさしく昼飯持そのものである。ちなみに藤枝市滝沢の田遊びの「孕五月女」、相良町蛭ヶ谷の田遊びの「孕みおっかあ」など田遊び系の民俗芸能に登場する孕女は稲の豊穣多産をシンボライズしたものである。

　ここで特異な歌詞を含む田歌資料を紹介したい。朝歌から夕歌、そして田の草取りまで揃っていて、翻刻すると相当な分量になるので、骨格を示したうえで、既に掲載した駿東・田方地域の田歌と同類のものは省略し、それらと性格が異なったものの原文を上段に、筆者校訂の現代仮名遣い文を下段に対照化して示すことにする。原資料は『松野村誌』（大正三年刊）による。

　松野村の資料中「朝飯タキノ歌」と「膳立ノ歌」は稀少である。「夕茶ノ歌」の三番歌詞は駿東・北豆地域の麦つき歌にもみえる。それの歌詞は駿東・北豆、北駿の田植え歌と位相を異にしている。

田植歌

朝ノ歌

夜ぶかにでたら　きりにまようた

夜深に出たら霧に迷うた

此ノ歌ハ朝田ヲ植エハビジメニ謡フ歌ナリ

苗取リ歌（省略）

此ノ歌ハ朝苗代田ニ入リテ苗ヲ取ル時謡ハルルモノナリ

朝飯タキノ歌

たかまがはらのあかつちで　ぬろふものおかまを
ななかまやかま　たきならべてささいて

高天原の赤土で　塗ろうものお竈を
七竈八竈（七釜八釜）　焚（炊）き並べてささいて

此ノ歌ハ田植ノトキ晝食後謡フ歌ナリ

注「昼食前」か

膳立ノ歌

ばんどふぬのはやすいな　百に三だんやすいな
ざんざとたとふな　ふきならべたよな
上のたなにも十六膳　下のたなにも十六膳
三十二膳のおぜんが　とろみやったみさいな
よそりならべたよな　とのをまねきたよな

此ノ歌は晝ゴロ膳立ノ時謡ハルルナリ

洗桶ノ歌

玉のこげきれいに　あらひだいておこうな
今日の田の白馬は　まごせんびきをろいた
黒かげの駒で　ざんざとかこうな

此ノ歌ハ田植ノトキ晝□（難）洗桶ノ時謡ハルルナリ

中茶ノ歌（省略）

此ノ歌ハ田植ドキ晝休ミ場合ニ謡ハルルナリ

ばんどふ布は安いな　百に三反安いな
ざんざとたとうな　拭き並べたよな
上の棚にも十六膳　下の棚にも十六膳
三十二膳の御膳が　とろみやった見さいな
装り並べたよな　殿を招きたよな

たまの焦げきれいに　洗いだいておこうな
今日の田の代馬は　まご千匹揃いた
黒鹿毛の駒で　ざんざと掻こうな

夕茶ノ歌

一、おんしやくとりがこわくて　のんだらようたよ
なにいろにようた　ほうづき色にようた
二、ここは殿のみおろし　よくうえてたもれな
おもふ人の田ならば　おもうらちこらちひきよせて
稲のかりでのあろように
三、伊勢の船がついた　きのふ千艘けふ千艘
千艘の船のうわのりに　江戸の五郎様京さむらひ
京さむらひの船だやら　あや錦の帆をかけて

此ノ歌ハ夕茶ノ時謡フナリ
夕茶トハ晝飯ト夕飯トノ間ニ食事ヲナスヲ云フ

夕方ノ歌（省略）

此ノ歌ハ夕方謡フナリ

田ノ草取ノ歌（省略）

此ノ歌ハ田ノ草ヲトルトキ謡フナリ

一、おん酌取りがこわくて　飲んだら酔うたよ
何色に酔うた　鬼灯（ほおずき）色に酔うた
二、ここは殿の見下ろし　よく植えて給（たも）れな
想う人の田ならば　おもうらちこらちひきよせて
稲の刈り出のあるように
三、伊勢の船が着いた　昨日千艘今日千艘
千艘の船の上乗りに　江戸の御寮様京侍
京侍の船だやら　綾錦の帆を掛けて

注「おもうらちこらち」のらちは苗間のこと

北駿の田植え歌

北駿の小山町・御殿場市と裾野市北部地域には歌体の整った田植え歌が数多く伝承されてきた。上句五七五、下句五七五と語調が整い近世調を呈している。朝歌・昼歌・夕歌と時の区分もほぼ一定し、時無しの歌を加えるとかなりの分量になる。御殿場市にはかつて早乙女頭を務めたという名うての歌い手が昭和五十年代初めごろにはたくさん生存しておられ、七人ほどの方々を対象に調査を実施し、あまたの歌を採録した。それらの歌詞は整然と定まっていてあまり逸れるところがないが、数が多いだけに重複するものが多いので二点の資料を掲載するにとどめたい。

楽譜の元となった歌曲は御殿場市東田中の井上幹雄さん（明治四十四年生）による次の歌唱によるものである。

東よりヨーエ雲掻き分けてヤノーエー出づる日は
　出づる日はヨーエー西には遣らでヤノーエーここで照れアーヨイヨイ

次に示すのは、苗取り歌に続けて御殿場市中畑の勝又富江さん（明治四十年生）はじめ、

北駿の田植え歌

採録：石川純一郎　　採譜：山崎　正嗣

勝又うきゑさん（大正六年生）、勝又さだ子さん（大正八年生）の三人が伝承しておられた田植え歌である。（二節以下、掛け声・囃子詞省略）

朝田の歌

東からヨイヨーエ雲掻き分けてヤーノ出でる日はヨイヨーエ
　出でる日はヤーノヨーエヨーエ西へはやらでヤーノここ照らす
田主（たろうじ）さん代掻き馬を揃えられた　揃えられた、黒鹿毛馬を九匹まで
今日の田の田主の家の八つ（八棟造）見れば　八つ見れば、祝（ゆわ）いの鶴が七番（つがい）
今日の田の田主の娘どれがそだ　どれがそだ、錦の小袖繻子（しゅす）の帯
昼持ちが来るかと見ればまだ家（うち）で　まだ家で、お釜の前で飯（まま）炊いて
昼持ちが来るかと見ればまだ家で　まだ家で、錦を延べて飯を盛る
君の田とわが田と同じ町並び　町並び、我田に掛かれ君の水
君の田とわが田と同じ町並び　町並び、我田の水を君の田に

昼中の歌

十七に花籠背負わせ花折りに　花折りに、花はなに菖蒲（あやめ）に牡丹（ぼたん）に杜若（かきつばた）

十七に花笠持たせ花踊り　花踊り、踊りて見やれ一踊り
十七は吉野の山の初桜　初桜、一枝折りて床飾り
十七は吉野の山の初桜　初桜、色づき見れば折りたがる
十七は紺屋の着物浅黄染(あさぎぞ)め　浅黄染め、一越(ひとこし)染めりゃ蓬(よもぎ)染め
十七は板屋の霰(あられ)転げ来て　転げ来て、わが目を覚まし殿の目も
十七を前から抱いて寝ろ寝ろと　寝ろ寝ろと、青田は菩薩寝られない
十七の白腿(しろもも)見れば寝たいぞよ　葭(よし)の芽のよりたつほども寝たいぞよ

午後の時無しの歌

昼中に小菅の笠を傾けて　傾けて、待てども鳴かぬホトトギス
今日の田の田主(たろうじ)の息子伊勢参り　伊勢参り、御無事で下向めでたいな
今日の田の田植え早稲(わせ)植えて　早稲植えて、中稲(なかて)が七分晩稲(おく)が五分
今日の田の田主の家にゃ米がない　裏見れば三年老成(ひね)が七戸前
あらばちを割られた時は痛いけれど　若い衆さんの御恩は忘れない
あらばちを割られた時は痛いけれど　二度目から麦飯薯蕷(とろろ)するよに
継親(ままおや)の盛りたる飯は富士の山　富士の山、汁うち掛けりゃ浮ケ島(うきがしま)

継親のくれたる帯は繻子の帯　繻子の帯、よくよく見ればなめら蛇
継親のくれたる着物三つ身裁　三つ身裁、着ろとゆうたて着られよか
鎌倉の八棟造新木取り　新木取り、御所へもまわしゃみな跳木
鎌倉の八棟造誰が建てた　誰が建てた、竹田の番匠が建てられた
鎌倉の八棟造なにで葺く　なにで葺く、檜木の皮と椹木で
鎌倉の八棟造その中で　その中で、殿御と姫と三味を弾く
鎌倉の梶原殿のお田植えで　お田植えで、弓張り矢張り鎧張り
酒部屋の恵比寿の注連は幾重とる　幾重とる、七重も八重も九重も
酒部屋の恵比寿であればあれを見よ　あれを見よ、つけこむ酒は今泉

夕田の歌

婿が来る肴がないと浜に出て　浜に出て、鯛釣り上げてそれを肴
婿が来る煮物がないと筍を　筍を、七皮剝いてそれを煮染
権八の馴染の女郎は小紫　小紫、江戸吉原の三浦大助
吉原の出口の茶屋で三味を弾く　三味を弾く、女郎屋と殿と三味を弾く
吉原の出口の茶屋で三味を弾く　三味を弾く、三味は弾かで女郎の手を

日が暮れて烏は森に舞い掛かる　舞い掛かる、女郎衆は客に倚り懸る

右の田植え歌の特色は「午後の時無しの歌」にある。「今日の田の」の初句に始まる三節は田主を歌題としたもの。また、午後になると早乙女の手がだれるので元気づけるための滑稽味たっぷりの戯歌を配している。きわどい春歌とおどけた諧謔的な歌で、伝承者たちには持ち歌がいくらでもありげだった。「鎌倉の」の初句で始まる歌は、北豆の麦つき歌、また、全体として伊豆東海岸から相模湾西海岸にかけて分布をみている民俗芸能「鹿島踊り」の歌謡に類歌があり、歌謡史の上で興味がもてる。

夕田の歌はまさしく作業の最終段階にふさわしく恋愛や情事の謡い物や古典芸能などを歌題とした艶物を配している。浄瑠璃『驪山比翼塚』から移された歌舞伎『浮世柄比翼稲妻』の登場人物・白井権八と馴染の遊女小紫、茶屋遊び、そして浄瑠璃『三浦大助紅梅靮』に登場の長寿の武将・三浦大助をうたい込んでいる。

次に掲げるのは御殿場市上小林の林浜江さん（明治二十五年生）、岩田由蔵さん（明治三十年生）両者の田植え歌である。林さんの許へ筆者が訪れた折には既に「明治名残り田植歌」として一四節の歌詞を印刷物にまとめられていた。そこで岩田さんを交え、改めて採録

をした結果、さらに多くの歌を採録することとなった。なお、各節の末尾に＊印をつけてあるのは林さんの刷物(すりもの)に収められた歌詞で、全節とも両者の伝承によるものである。貴重な資料なので繁(はん)をいとわずに収録する。

朝の歌

朝起きて髪撫で上げて庭掃けば　庭掃けば、悪魔を払うてお釜（竈）喜ぶ　＊
東から雲掻き分けて出でる日を　出でる日を、西へはやらずここで照れ
朝歌は七里(ななさと)までの祝いなり　祝いなり、見る聞く人も祝いなり
今日の田の田主の家の破風見れば　破風見れば、祝いの鶴が七番(つがい)　＊
今日の田の田主の娘どれがそうだ　どれがそうだ、錦の小袖綾の帯　＊
田主様代掻き馬を揃えたり　揃えたり、栗毛の駒を九匹まで
田主様朝日の射すにまだ寝てた　まだ寝てた、七重の障子立て込めて
昼持ちが来るかと見ればまだ家(うち)に　まだ家に、お釜（竈）の前で飯(まま)を上げ　＊
おちゃごしを茶碗の盆に盛り上げて　盛り上げて、田中の寺のおちゃごしに
今日の田の田主の家で米がない　ないと思ったら三年老成(ひね)がお蔵から

今日の田の田主の家で味噌がない　ないと思ったら三年味噌お蔵から

君の田と我が田が並ぶ町並ぶ　町並ぶ、我が田に掛かる君の水　＊

昼中に小菅の笠を差し向けて　差し向けて、聞けども鳴かぬホトトギス

昼中の歌

お十七を使いにやればあの原で　あの原で、エビ取り食ろうて口黒く　＊

お十七は吉野山の八重桜　八重桜、一枝折りて床花に

お十七に花笠被せ花踊り　花踊り、踊りてみやれ一踊り　＊

お十七に花籠背負わせ花折りに　花はなに、菖蒲に牡丹に杜若

田主様の昼寝の夢はなんと見た　お十七を前から抱いて寝ると見た

お十七の白腿見れば寝たいぞよ　葭の根のより立つほどに寝たくなる　＊

お十七を丸寝に寝せて後ろから　後ろから、帯解け解けと後ろから　＊

夕方の歌

ここでこうして植えたる苗は　植えたる苗は、八月半ばで実を結ぶ

酒部屋恵比寿の注連は幾重張る　幾重張る、七重も八重も九重も

婿が来る煮物がないと筍を　筍を、七皮剝いてそれを煮物　＊

婿が来る肴がないと浜に出て　浜に出て、鯛釣り上げてそりゃ肴
吉原の出口の茶屋で三味を弾く　三味を弾く、三味をば弾かなで女郎の手を　＊
吉原の八棟造誰が建てた　誰が建てた、竹田の番匠建てられた　＊
権八の馴染の女郎は小紫　小紫、江戸吉原の小紫　＊
日が暮れるカラスは森へ舞い掛かる　舞い掛かる、女郎衆は客に舞い掛かる　＊

右の田植え歌は二八節中一一節が勝又富江さん達の伝承歌と共通している。逆に勝又さん達の方からすれば三八節中一一節が共通しているが、総数では差引き五五節という計数になっている。

それらのなかでもっとも共通歌の頻度が高いのは「お十七」の初句で始まる歌である。一七歳は娘盛りの年頃で、揃いの絣の着物に襷と手甲を掛けた早乙女達が一斉に歌唱しながら田植えをする光景は素晴しく華やいだものだったに違いなく、田の神も照覧なされたであろう。この歌は若々しい早乙女の美しい歌声をめでたく受納されて感応を垂れ、稲の繁殖を保証してくれることを願った一種の呪術宗教的歌謡であった。田遊びの民俗芸能において、早乙女が赤子を産み落とす所作を演ずることと相通ずるものがある。田植え歌は労作歌であ

ると同時に儀礼歌謡でもあった。

ところで歌詞の「おちゃごし」はお茶菓子または軽食で、類歌が『駿東郡玉穂村誌』（大正元年刊）にもある。エビはサクランボの方言。

『駿東郡玉穂村誌』は三四節の田植え歌を収録、そのうち右に掲げた北駿にない歌が四節ある。そのうち一節は、「朝顔の笠をば被り植える田は　植える田は、風にも合わで実りよし」というものである。

北駿地域田植え歌の広野

北駿からの農稼ぎがあった周辺地域には北駿と瓜二つの田植え歌が多数伝承されている。そのうち山梨県南都留郡忍野村のそれは駿河からの移入であることが記録されている。『日本民謡大観4　中部篇』所収の同地の民俗研究家・大森義憲が寄せた書簡によると、郡内一帯の田植えは駿河方面からの出稼ぎで、田植えが済むまでは早乙女宿に滞在していたとある。また『忍野村誌　第二巻』（平成元年刊）にもその旨が記されており、一一節の田植え歌も北駿のそれと同じである。

神奈川県西部地域には江戸時代末生れの古老が記録した田植え歌が残っている。足柄下郡曽我村のそれは三〇節（『民族と文化　二巻七号』昭和十六年刊）、同宮城野村のそれは二九節（『日本民謡大観4　中部篇』）で、それらのうちの半数以上が同様の歌詞となっており、当地域が一つの伝承圏をなしていたことが知られる。

さらに朝田の歌や「鎌倉」「十七」「君の田」などを指標として、フィールドを拡大していくと同種・同類の田植え歌は東北・関東・信越・北陸・東海・近畿・中国・四国地方に分布しているが、密度・近縁性は東北・関東地方に高く、西にいくほど低くなる傾向にある。なお、西には中国山地の花田植えなど田の神祭りにともなう古風な田植え歌が伝承されており、「田主」や「声ならせ」を指標とすると駿東・北豆との同類歌がわずかに見出せる。静岡県には東の流れと、歌体は違うものの西の流れとの二流れの田植え歌が伝承をみていた。また、伝播に年代差のあることが想定される。

これまでみてきたように朝田・昼田・夕田、そして田の神送りの歌をセットとした田の神信仰に根差した田植え歌が東西の広い範囲に普及した原因は、稲作がわが国の一般的な生産業であったことと、かつては名主・庄屋や本家などの大農の大田植えにおける加勢や、一般農家や社寺田における共同作業など集団労働をしたことの他に、旅早乙女や農稼ぎなどの手を借りることが盛んだったことにあり、その結果田植え歌の伝承と伝播が繰り返しおこなわれ、一定の歌謡群を形成するに至ったと想定される。

中国山中に遺存している花田植え（囃し田）は苗代の稲苗を本田に移植する過程の作業に民俗芸能の風流が加わり、代掻き牛や田植えにたずさわる人々の装束が派手やかで、簓・笛・太鼓・銅鈸子などの鳴り物入りでうたい囃す儀礼性に富むもので、サンバイによる神迎えに始まって田植えとなり、仕舞に田の神送りをする。

こうした農耕儀礼は平安時代からおこなわれていたことを『栄花物語』がものがたっている。治安三年（一〇二三）の五月に藤原道長が自邸に滞留中の貴賓をお慰めするために御覧に入れた秣田の場面描写は花田植えのそれによく似ている。しかも、田人（農夫）達のうたう歌二節までも掲げている。

仕舞田の泥打ち

植え仕舞になるとドロブチ・デロブチと称して、田主家の新嫁なり新婿なりに泥を打ちつけて祝ってやる習俗がかつておこなわれていた。伊豆ではみなで、婿・嫁はじめ田主や他家の嫁までも田の中に引き込んで祝ってやった（土肥町小土肥・青木くのさん・明治三十四年生）。また北駿でも田主家の新嫁に泥を打ちつけ、引き倒して祝ってやる。これには付近にいる連中も飛んでくるし、嫁が逃げれば他家の田までも追いかけるといった具合でせっかく植え掛けた田一面を踏み潰してしまい、後から植え直しをする。「新嫁を倒すと稲が転ぶほどよく出来る」として、かなり派手に泥打ちをするのがならわしだった（御殿場市神場・勝亦しずさん・明治二十九年生、裾野市葛山・中野鶴吉さん・明治三十五年生）。

また、伊豆ではオダイヤの仕舞田になると「はやを飛ばす」と称して二頭の裸馬を田に放って駆けさせる。馬が急カーブをきるはずみに手綱を握っている者があおりをくらって放り出されて泥まみれになる。これはなかなかの呼び物で、みなで見物して楽しんだという。

泥打ちは手荒な行為ながら祝儀としておこなわれ、社会的承認の儀礼であると同時に、女性のもつ生殖力を稲田に賦与して豊かな結実を促すための呪的儀礼でもあっただろう。なお、熱海市下多賀と沼津市江浦には年頭におこなう水祝儀の儀礼が保存されている。土地の若い衆（現在は保存会員）が、前の年に結婚した花婿に潮水を浴びせかけて祝う儀式で、若者組への加入儀礼が起源であったとされている。

田植え儀礼にかかわる忌み

田植えがいかに神聖視された儀礼とされていたかは、それにかかわる忌みの数々がものがたっている。なかでも、田植え歌は田植えの機会のみにうたうものであるとして、普段の歌唱を禁じた忌みがもっとも重い。次いで信仰にかかわるものから連想、感覚的なものまでさまざまな忌みがあり、その多くは「何々すると何々になる」という形式をとっている。

信仰にかかわる忌みは、正月の年神棚を飾った注連縄の垂れにある。これを神聖なものとして苗の束ね藁として用いるが、苗を抜き取った後のナエデバシ（伊豆）・ナエデワラ（北駿）のワッパ（輪）の中に植え込んだり、田に踏み込んだりするのを忌み、ワッパの中へ植えるとコーデになる、サシデ（利き腕）が痛くなる。コーデは手首の痛みで、特にサシデは過労で傷めやすい。束ね藁はそのときに使いきることとし、これを余すと娘が売れ残ると俗信ながら信じられている。ちなみに、小腕が痛み出した場合は呪的療法を施す。突き指をした場合は田の尻の水口に苗を三本逆さに植える。

日の忌みは暦注の干支と六輝にもとづいて日の吉凶を取捨選択するものであり、サオリには子・酉の日を吉日、丑・寅・申を凶日とし、牛にかよって仕事がはかどらない、申は運が去るからといって避ける。六輝で大安・友引・先勝の日を吉日とし仏滅を凶日とする。また、苗忌と称し、法事と関係づけて種籾を播いてから四十九日目に田植えをすると、不幸が起こる、特に糯苗を植えると「四十九日の餅」になるから縁起が悪いとして忌み、糯苗を苗代田に植えるのも同様に忌む。

行為にかかわる忌みのうちもっとも厳重なものに、籾播きしてから苗が出揃うまで、苗代が禿（苗の生え方が斑な状態）にならぬよう田主が顔のヒゲを剃らずに持斎したという事例がある（沼津市大平・吉川武次郎さん・明治四十年生）。その他普遍的な忌みには次のようなものがある。

田の尻に苗を植える際には畔の上にいて苗を植えると逆さ子が生まれるといって忌み、子転りがしないように向きを変え田の中にいて植える。早乙女が田植えの日にオブッキ（食器の一種の敬称）を洗うと水口が荒れるといって食器洗いをするのを忌む。その一方では田植えの汚れは早く洗わないと疲れが抜けないともいわれた。

なお、田の草に関わる忌みもある。夏の土用丑の日に草取りをして、稲の葉で目を突くと目が潰れるといい、当日は農休み日とした。

こうした禁忌は裏返せば神祭りに携わる者の積極的な身の処し方であったが、精進潔斎の観念がゆるんで、「してはならぬ」という禁忌ばかりが強調される結果になったのである。

（四）　草取り歌

田植え後の稲の管理と育成に一カ月間は気が抜けない。田主は野廻りといって、朝夕に田を見廻って水の管理をする。一〇日前後過ぎの苗の活着を見計らって、田の畔際に植え込んである補植用の手苗をもって浮き苗や本数の少ない箇所を補い、寝ている苗を起こす。田の草取りは、一番から三番まで、合わせて三回する。一番草は田植え後二週間後に両手で稲の根元をかじり、温かい水を寄せてやるとともに、細かな草を取って浮かす。その一週間後に二番草を取り、地面が固くなっていれば鉄製のガンヅメで掻くなり除草器を転がすなりして軟らかくする。三番草は月末から八月初めにかけて取り、水を浅くして草や堆肥を埋め、足跡なども埋めて平らに均す。この時分は夕方に稲の葉にコザル（夜露）がつくようになる。これを払うと生育が悪くなるので留め草とする。草取りは真夏のこととて、上からは太陽が照りつけるし、田面からは熱気が昇るし、時には雨に降られるしで辛苦な作業である。

なお、伊豆における稲作過程については、『静岡県史　資料編23民俗一』（平成元年刊）第三編第三節「サトの生産技術」条下に筆者が詳記したので参照されたい。

ヨーイわしとお前と田の草取れば　ヨーイ降らず照らずの曇り空
ヨーイ明日はお発ちかお名残り惜しや　ヨーイ雨の十日も降ればよい
ヨーイ声はすれども姿は見えぬよ　ヨーイあれは深野のキリギリスよ
ヨーイ早く六月お天王さまへよ　ヨーイかわいい男とお参りに
ヨーイお前百までわしゃ九十九までよ　ヨーイ共に白髪の生えるまで
ヨーイ色で身を売るスイカでさえも　ヨーイなかに苦(（黒）)労の種がある
ヨーイ馴れぬ手つきで田草を取れば　ヨーイちらりほらりと小草が残る
ヨーイ話はお止(よ)しよ歌ならおいで　ヨーイ話ゃ仕事の邪魔になる
ヨーイ歌はよいもの人ごといわでよ　ヨーイ仕事が苦にせで捗(はか)がいくよ
ヨーイ姉と妹に紫着せて　ヨーイどれが姉やら妹やら
ヨーイ姉も差したり妹もお差し　ヨーイ同じ蛇の目の唐傘(からかさ)を
ヨーイ可愛い殿御の襦袢(じゅばん)の袖は　ヨーイこぼれ松葉に梅の花
ヨーイ早いものだよ六月(むつき)草　ヨーイ殿は夜水で身をやつす
ヨーイ伊勢へ行きたい伊勢道ょ見たいよ　ヨーイお杉お玉の顔見たいよ
ヨーイお杉お玉が百姓の子なら　ヨーイ連れて行きたいわが里へ

ヨーイわたしゃ備前の岡山育ちよ　ヨーイ米の成る木をまだ知らぬょ
（三島市梅名・溝田かぞえさん、野田たいさん、瀬川たきさん）

草取り歌には信仰の影が薄く数も少ない。また、歌は類型的で田植え歌や苗取り歌を代用することもあった。

稲作過程の機械化が進行し始めて半世紀、田面で立ち働く人影も次第にまばらになり、田歌も聞こえなくなったが、農耕と稲の尊さは忘るまい。

二　麦つき歌

「麦は三月播いて三月に刈る」という諺があって、大麦・小麦の種播きと刈り取りの期間にはかなりの幅がある。また、その栽培期間も六カ月あまりである。ムギッタ（麦田）といって水田の稲を刈り上げて、ウシ（稲掛け）に掛け干している間に裏作の大麦の種播きをする。一方、畑にはアワ・ソバ・トウモロコシなどの穀物やサトイモ・ダイコンなどの根菜と葉菜を収穫した後に裏作の小麦の種を播く。「百姓百色」といって田畑を有効に利用して多品種の農産物を輪作するのが農家の経営法である。

田植えの前に大麦を刈り取り、田植え後に小麦を刈り取る。ムギッタの田んぼは土が軟らかく、土をけずるぐらいに麦株を短く刈ると、大麦の場合は麦稈（むぎから）が軟らかく腐りも早いので、普通は三回のところ一回起耕するだけですぐに代を掻くことができる。一方、小麦は稈は硬くて腐りにくい。

なお、富士山麓の北駿地域や大河川の上・中流域の山岳斜面にひらけた畑作農耕地帯では常畑はじめヤッパタ（焼畑）・キリカエハタ（切替え畑）とよばれる山畑では大麦・小麦とトウモロコシを主作物として畑面積の七割に作付けし、残りの三割には陸稲（おかぼ）・アワ・ヒエ・ソバ・キビ・大小豆の穀物と野菜を作付けした。畑作地ではトウモロコシを糧食とするとともに改良して特殊な品種を作り出し、それぞれ地名を冠して、須山モロコシ・印野モロコシ・甲州モロコシなどとよんでいる。なお、麦の栽培法については筆者が『静岡県史　資料編24　民俗二』（平成五年刊）第三編第一章第一節「ヤマの生産技術」の条に詳記したので参照されたい。

大麦には裸麦（はだかむぎ）と皮麦（かわむぎ）との二種があって、裸麦は果実と穎（えい）が離れやすいので糧食として粒のまま食べ、皮麦は穎が離れにくいので牛馬の飼料とする。小麦は粉に碾（ひ）いて麵（めん）・ホートー（餺飥＝うどんとカボチャ・イモなどの野菜を味噌で煮込んだ郷土料理）・パン・菓子のほか、粒のまま味噌・醤油の原料にする。

江戸時代のむかしから庶民─特に農民の日常食はバクメシ（麦飯）であった。近代となった明治以降も昭和三十年代まではオダイヤや地主も同様に米と麦とが半々の飯が普通で、その割合は家ごとに異なっていた。米と粒のままの丸麦とでは煮え方に違いがあって麦の方が余計時間がかかるので、エマス（笑ます）といってあらかじめ一時間ほど煮ておき、あとから米に炊きまぜる。

押し潰して平たくした押麦と碾割った割麦の消費が一般化したのは昭和二十年前後で、米と混合して煮炊きできて口あたりもよくなったので初めは贅沢な食物とされた。伊豆ではヒキワリメシ（碾割飯）と通称し割麦一升に米三合ないし七合ぐらいの割合が普通で、米と割麦が半々のご飯は上等食だった。静岡県下でおこなった臨地調査結果によると何処も昭和のなかごろまでは三食とも麦飯が主食で、夕食に足りない分をうどんやソバキリ（蕎麦切り）で補った（『静岡県史　資料編23　民俗一』平成元年刊）。

田植えと前後して田畑から刈り取った麦を、それらの切り株の上に広げて天日で一日ほど乾燥させ、乾いたのを束ねてナガヤ（納屋）に収納し、野良仕事がかたづいた後の、秋の夜長の季節に脱穀する。かつては丸太材などの枕材の上に梯子を横たえ、これに孟宗竹を並べ

麦つき歌をうたう韮山町の人々

た穀打台に麦の穂先を打ちつけて脱穀し、風選した麦穀を臼でついて精白した。

麦つきは、数人の手を要するので、娘たちが仲間と協力してヨナベ（夜鍋）仕事をした。夜の一〇時ごろに食べるサツマイモの蒸やボタモチ、混ぜご飯などの夜食も魅力ながら、ヨナベ仕事の所に若い男衆が寄ってきて、長時間にわたって杵を上げ下ろしするだけの単調な作業を手伝ってくれるのが楽しみだった。こうした男女が集まって労働する場にこそ歌唱はもっともふさわしく、トントコトンという杵の音を調べとして麦つき歌をうたい交わすことにより、労苦が癒され、作業の場が「遊び」のように華やいだ。

まとまった麦つき歌を保存伝承しているのは、麦田での栽培をもっぱらとした田方郡各地と山畑での栽培をもっぱらとした安倍川上流域の山中にひらけた有東木集落とである。

田方郡各地の麦つき歌

当地域には昭和五十年代にも伝承者が多数おられ、大仁町在住の口承文芸研究家・鈴木暹による採録資料の報告があまたなされている。一方、伝承が豊かなだけに地元有志も保存伝承に努めている。自治体誌も民俗歌謡の収録を進めてきた。なかでも、麦つき歌に関しては『田方郡狩野村誌』（大正一、二年刊）がもっとも充実している。それらの内容には、多数の共通歌があり、時代は異なれども同一の伝承圏にあったことが知られる。

麦ょついて夜麦ょついて　お手にマメ（肉刺）が九つ
九つのマメを見るたび　生まれ在所が恋しゅい
（囃子）ア、トントコ、トントコ
つけたか剝けたか　よい子になったか　トントコトン
麦ょついて夜麦ょついて　お袖を絞めて離さない
止せ放せ袂を放せ　わたしゃ他人の下女だもの

下女なれど娘なれば　御取り上げて妻とする
天竺の機屋の娘　月に九反の機を織る
織りおろす截りて晒して　紺屋に遣りて型頼む
肩先は十五夜お月様　山からおであうその所
両袖は鶴と鴨との　羽根相合わせて舞う所
背なじには京のからまつ　並木に植えたるその所
帯しどはあわのたんじゃく　結んで下げたるその所
裾模様は梅の折り枝　三月咲いたる桜花
上前は鹿の八つ連れ　兎の飛び立つその所
下前はわたしと殿御と　忍んで隠れるその所
むずかしや紺屋の染物　千両出しても嫌だけど
十七八の娘のことなら　一文取らずに染めてやる
(韮山町南條字真如、山口とらさん・明治三十二年生、飯田セキさん・山口ちよさん・明治三十八年生、小林増栄さん・明治四十三年生)

麦つき歌

採録：石川純一郎　　採譜：山崎　正嗣

よ むぎ よ つ い ー て よ ー む ぎ よ
つ ー ー い ー ー て ー りょ う て に ま ー ー
め ー が こ ー こ ー の つ ー アー トン ト コ
トン ト コ こ こ の つ ー の ま ー
め ー を み ー ー れ ー ー ば ー う ー ま れ
ざ ー い しょ が ー こ ー い ー しゅ い ー
アー つ け た か つ け た か よい こ に つ け た か も ひ と つ
お ま け に よい こ に し て や れ トン ト コ トン ト コ トン ト コ トン

右に掲げた歌は麦つき歌中もっとも普遍的に伝承されているものであり、『静岡県文化財調査報告書　静岡県の民謡』にも収録されている。冒頭に杵を握る手がマメだらけになる麦つきのつらさに実家を恋しく思う嫁の心情がうたわれ、一転して三節目は全体を絵画性に富んだ文様で飾った型友禅（かたゆうぜん）の華麗な小袖がうたわれている。

調査報告書には右のほか、田方郡大仁町・函南町・韮山町のまとまった五節から八節で構成された三つの歌謡群を収録している。ただし各群とも共通の歌詞が過半数に達している。一方、『田方郡下狩野村誌』は二三節、『田方郡中狩野村誌』は五節、『田方郡北狩野村誌』は一〇節の歌謡群を収録、『田方郡誌』（大正七年刊）は郡下の歌謡一八節を類従、相互に重複している歌謡が半数を超えている。それは、田方郡下が同一の歌謡の伝承圏をなしていることを示すものである。田植え歌がサオリからアガリハカまで時の流れに沿って一つの歌謡群としてかなり組織的に構成されているのに対して、麦つき歌にはそうした制約はない。歌唱順はその場での裁量にまかされているとみなし、初句を指標として類従を試み、歌謡の記録保存をはかりたい。そこからは北駿の田植え歌との近縁性がうかがわれよう。類従するにあたっての問題はどれを基準とするか、新旧仮名遣いの表記をどう統一するか、さらに歌詞のばらつきをどう解決するかにかかっている。本書では便宜上、記録の時代がもっとも古く歌謡数が最多の下狩野村の資料を基準にして、表記を現代仮名遣いに統一し、文言の違いは最小限にとどめて傍訓(ぼうくん)の形で行間に併記するとともに伝承地名を各節の末尾に略称をもって記す。なお、右に掲げた韮山町南條字真如と同種同文歌は省く。ちなみに、村誌が書かれた大正元年当時の下狩野・中狩野の両村は昭和三十五年の合併で天城湯ヶ島町に、北狩野村は昭和三十四年に修善寺町と大仁町とに分割合併をおこなった。

狩野村は古代の田方郡狩野郷を継承した庄園(しょうえん)で中伊豆の豪族・狩野一族が中世半(なか)ばに北条早雲に攻められて落城するまで本拠として栄えた古い土地柄だけに不定形の歌詞に古風をただよわせている。田方郡の田植え歌も同様に古風をとどめているのは戦国時代に割拠した諸豪族が稲作農業を経営した名残りであろう。

ちなみに、室町後期以来江戸時代を通じて幕府の御抱え絵師として栄えた狩野派の始祖・狩野正信は狩野村出身の景信の子息である。

麦つくはつらいな女郎　玉の汗が流れる
世にあらば麦つくまい　汗も流すまい

(『田方郡下狩野村誌』以下略称『下狩野』)

天竺の天の川原を青銅手箱（白銀手筥）が流れる
　縁あらば止まれ手箱　御縁がなくば流れろ（『下狩野』『北狩野』）
天竺の天の川原を白い桶が流れる　七夕の手水（ちょうず）桶か七夕の苧桶（おぼけ）か（『北狩野』）
天竺の天の川原に尺八が流れる　その竹を拾ってみれば名のある節が四節ある
　まず宵には殿御をよぶ節　夜中にゃ殿御をよぶ節
　夜明けには起してやる節　後には焦（こが）れて泣く節（韮山町山木『県民謡』）
天竺の前なる小川で船漕ぐ船頭はわが夫（つま）
　綾笠（あやがさ）に錦前垂（まえだれ）　へうたん丸絎玉襷（まるぐけたまだすき）（『北狩野』）
天竺じゃ女がないそうで　猿に麦をつかせる
　猿が三匹小杵が三本　草履も緞子（どんす）の前掛け（大仁町神島『県民謡』）
十七と二十七と釣竿担いで釣りに行く　釣竿は紫竹（しちく）矢竹糸は三味線の三の糸
　（『下狩野』『中狩野』、函南町平井・韮山町山木『県民謡』）
十七と二十七と沢へ降りて水を汲む　水汲めば袂が濡（ぬ）れる十四ひず（襷掛けなよ七重八重と）
　（『下狩野』、大仁町神島『県民謡』）
十七と二十七と稲の中に忍んだ　垂（しだ）れ掛かれ稲の花（『下狩野』）

十七の挿(さ)したる櫛は拾たかもろうたかよい櫛だ　よいはずだ
　お江戸じゃ品川米屋の番頭の伊勢土産(みやげ)（『下狩野』、函南町平井『県民謡』）
櫛を買っておくれ忍び夫(づま)　前髪が乱れ顔へかぶさる（『北狩野』）
十七が初の身持ちで淡島様へ願かける　この産軽く降りれば九反のはた(旗・服)をあげます
　白紙へ小包(水引)を包んで数珠(じゅず)で拝みます（『下狩野』、韮山町山木『県民謡』）
十七が夏の身持ちで無い物ねだりをする　海の中の牛蒡(ごぼう)畑の中の蛤(はまぐり)と
　六月の氷食べたい　七八月の筍
　　（『下狩野』、函南町平井・韮山町山木・大仁町神島『県民謡』）

十七はいつ来る夏来る夏は何を土産
　梅・李(すもも)・下(くだ)り苺(いちご)　さては枇杷(びわ)の折枝（『下狩野』）
十七が初の忍びを七重の障子(しょうじ)が開(あ)からない
　神仏諸所の氏神　七重の障子が開くように（『下狩野』）
十七を待ちる待ちる胡麻幹(ごまがら)焚いた
　二把焚いた三把焚いた四把め焚けどもまだ来ない（『下狩野』）
鎌倉じゃ女がないとて猿に夜麦つかせる

猿三匹小杵が三本どれも緞子の前掛けで
（『下狩野』『北狩野』、大仁町神島『県民謡』）
鎌倉へ上る道には仇討（敵討）があるとな
討つ殿は十三になり候　討たれる姫は九つ（『下狩野』『中狩野』『北狩野』）
鎌倉の御所の座敷へ十三小女郎が酌に出た　酒よりも肴よりも十三小女郎が目についた
目につかば連れておいで（ゆかしやれ）　縁の道は（娘は他国の縁だもの）急がない
（『下狩野』『中狩野』、函南町平井『県民謡』）
鎌倉の御所の御庭に椿植え（て）育てた
日が照らば涼み所　雨降れば雨宿り（あまやど）り（『下狩野』『北狩野』）
我が殿は女郎屋で酒盛り　帷子（かたびら）よこせの状が来た
切り捌（さば）き手揉（ても）みすれども　やるまい晒（さらし）の帷子（『下狩野』）
我が殿は山で草を搔く　日はたける草は萎（しお）れる（『下狩野』）
我が殿の生まれた本所はまこと大家な暮らしだ
黒門に黒塀を廻して裏にお倉が七戸前（『下狩野』）
あの山の□念仏を面（白）よし殿御に聞かせたい

金(鉦)八から鼓（つづみ）八から双盤（そうばん）八から揃いた（『下狩野』）
我が殿の四郎様は心利（き）き目利きで　天竺の星の数を楊枝（ようじ）で数えたとな（『北狩野』）
我が殿の四郎様は粟（あわ）の鳴子（なるこ）引くとな
　引かずとも鳴れよ鳴子　(大)追わずとも立(発)てよ粟の鳥（『北狩野』）
おもしろや名(奈)古屋のお寺のお泉水の唐松
　下枝は（池へなびき元木は）名古屋の国清寺
（『下狩野』『北狩野』、韮山町山木『県民謡』）

田方郡の麦つき歌は「天竺」「十七と二十七」「十七」「鎌倉」「我が殿」を初句とする歌謡群を擁（よう）していることが特徴である。そのうち「十七」と「鎌倉」を初句とする歌謡は北駿の田植え歌にもあるが、同じものは一節もない。一方、「十七」歌と「鎌倉の御所」歌は伊豆西海岸の鹿島踊り歌に同様のものがあり、近縁性がうかがえる。

「鎌倉」を初句とした、「鎌倉節（ぶし）」とよばれる歌群は全国的に広範な分布をみているが、田方郡のそれともっとも近い類縁関係にあるのは「鎌倉麦挿歌」である。これは室町期から江戸前期にかけての成立をうかがわせる古雅な麦つき歌を一六節収めており、田方のそれと同類歌が「鎌倉におなごがないと…」と「鎌倉へ参る道に椿うへて…」の二節ある。

「鎌倉節」は愛知県南設楽郡の「鳳来寺田楽帳」にも数多くみられる。

鎌倉の御所のお前に植えたる松は何松や　あれこそ祝いのから松や

から松の一のお枝に唐土のお鷹が巣をかけて…

鎌倉のさとが酒屋で十三小女郎が酒をこす　おこす酒は目につかねど

十三小女郎が目についた　目についたら受けて召されよ…

鎌倉の源八兵衛は音に聞えた人数もち　白金のだんびら臼をやから揃えて麦をつく

そのつく麦が六斗六升　合わせる水が五斗五升

その麦をついて白めてお手のお豆が九つ…

（『鳳来町誌　文化財編』昭和四十二年刊）(八)

なお、近世には鎌倉節を猿回したちもうたっていたらしい。幕臣の阿部正信が著した『駿国雑志』（一八一七年）の記事によると、五月・九月・師走に駿府の御城代はじめ加番衆の厩払（うまやばらい）と称して猿を舞わせた。その唱え歌にいわくとして次の歌を掲げている。

鎌倉の御所の御庭で小女郎が酌をとる
　酒よりも肴よりも　小女郎が目に付く　ナンナ

この後に「此外女舞、子守り踊、男舞、花踊、獅子舞等有り、是を略す」と記している。それらの芸をおこなったのはおそらく節季候（せきぞろ）で、歳末から新春にかけて数人が一組となり家々を訪れては門ごとに祝言を述べて米銭を乞い歩いた。猿回しは芸猿とともに神事と猿舞の芸を職能として、鎌倉節のみならず労作歌や祝い歌などの民俗歌謡を世渡りの手段として利用していたあかしでもあろう。

「鎌倉節」は京都府相楽郡の雨乞踊り歌にも「鎌倉の鍛冶の娘は月に九反の布を織る」の類歌を収めているなど広く流布をみている。

静岡市有東木の麦つき歌

有東木は安倍奥の山中にひらけた小集落でワサビ栽培の発祥地として知られており、ワサビ、椎茸（しいたけ）、茶が特産品。当地の郷土芸能保存会が麦つき歌・木遣歌・地づき歌など数々の民俗歌謡と、男踊りと女踊りとで構成された「有東木の盆踊り」を伝承している。民俗歌謡の伝承者として長年保存に努めておられたのは宮原べん（明治三十四年生）さんで、百余歳の天寿を全うされるまで活躍され、現在は息子の壮平さん、実弟の白鳥慶作さんたちに引き継がれている。

有東木の「駿河麦つき歌」は前歌・本歌・後歌と細分して一〇節の構成となっているが歌詞の内容上数節が連続している。歌詞は田方郡の麦つき歌ともかなり近似し、共通するもの、同じ範疇にあるものがある。

麦のつけるのも若い衆の夜もソーラセ　それも誰がゆえあの娘ゆえソーラセ（前歌）
臼許に三人立ちたるどれがそなたの婿殿　婿殿、どれがそなたの婿殿
百成りの瓢簞面した前歯の欠けたがそれ　それ、前歯の欠けたがそれそれ
婿殿はいつ来る夏来る夏は何を土産に　土産に、夏は何を土産に
梅・李にさぁがれ苺にさては枇杷の折り枝　折り枝、さては枇杷の折り枝
婿殿に着せたい物は茶の葉のついた帷子　帷子、茶の葉のついた帷子
かた裾に蓬・菖蒲に腰は卯月卯の花　卯の花、腰は卯月の卯の花

卯の花が咲いて乱れてその時ゃ婿殿世盛り　世盛り、その時ゃ世盛り
鎌倉に女がないとて猿に麦をつかせて　つかせて、猿に麦をつかせて
なんとこの麦ゃつけたじゃないかソーラセハイサー
　よからず見ておくれソーラセ（後歌）

麦つきには脱穀と精白の二段階の作業がある。この歌はその両作業でうたわれた。脱穀を「麦熟し」といって、麦の穂をオニバ（鬼歯）と称する掛矢状の大きな木槌で叩いて籾についている芒を落とし、よく乾燥させた上で麦実を臼でついて精白する。

安倍奥一帯は民俗歌謡や民俗芸能を豊富に保存伝承している特異な地域である。安倍川流域最奥の梅ヶ島には、麦実を精白する際の麦つき歌が伝承されていた。

白金の縁取り臼を八から並べて麦ょつく　麦ょつく、八から並べて麦をつく
つく麦は六斗六升に合わせる水は五斗五升　五斗五升、合わせる水は五斗五升
五斗五升の水を合わせていつかみの笠脱がせる　脱がせる、いつかみの笠脱がせる
（静岡市梅ヶ島『県民謡』）

「から」は臼や太鼓などの器物を数える語。麦をつく際には「合わせ水」といって、あらかじめ水を加えて麦実を湿らせ、かたくなな外皮を剝けやすくする。その名残りを歌詞にとどめている。島根県那賀郡伝承の歌謡の一節に、次の同類歌がある。

つく麦は三斗三升　こぼれる涙は五斗五升
つく麦は水は入(要)るまい　こぼれる涙でつき上ぎょう
（『日本民謡全集1　総論編』昭和五十一年刊）

この歌は麦つきの辛苦(しんく)さを嘆いたものであるが、若者の飛び入りなどもあって大勢で賑やかに作業をすれば、精も出るし、楽しさも湧(わ)こう。同類歌の存在により、伝承圏の広さと、古歌らしい趣(おもむき)が感じられる。

三　臼ひき歌

臼には搗(つ)き臼・磨り臼・碾(ひ)き臼・唐臼(からうす)の四種があり、麦つきや餅つきに使用するのは搗き臼で、円筒状の上部を凹状(ぼこ)にえぐってあり、その中に穀物を入れて杵でつく。磨り臼は上と下の二個の円筒形の臼からなり、上臼を回転させて籾を磨って米穀と籾殻(もみがら)とを分離する。碾き臼は上下の円筒形の石臼からなる粉碾き臼、唐臼は踏み臼のこと。こうみてくると、伊豆でカラウスと称しているのは磨り臼のことで、一人挽(ひ)きと二人挽きとがある。次の臼挽き歌は二人挽きを前提としたものである。

カラウス挽きに雇(やと)われて　カラウス挽かで女郎(めろう)の手を引く
わしら沢水出(で)は出て来たが　岩に堰(せ)かれて落ち合わぬ
臼挽きあげて空見れば愛らしや　星さえ二人で寝ている
織女様の申し子でお手は書く　御器量(ごきりよう)は他人(ひと)に勝れる
柳の楊枝(ようじ)を誰にもろうた　桂谷(かつらたに)修禅寺さんのお所化(しよげ)に（『北狩野村誌』）

カラウス（別名籾臼(もみうす)）挽きも夜鍋(よなべ)仕事の一つで、オシギといってY字形の柄の二又に横木の取っ手を取りつけ、片方の先端を臼に連結させてピストンよろしく回転させる要領で操作する。「所化」は修行僧のこと。

二人挽きは相手がよければ、心が弾(はず)む作業であるに違いなく、歌をうたうことによりオシギを押して引くだけの単純な動作の連続にも飽くことを知らなかったであろう。

臼の軽さよ対手(相手)のよさよ　対手変わるな
今年ゃ豊年穂に穂が咲いて　桝(ます)じゃまだるい箕(み)で量(はか)れ
一つお出しよもとどり様よ　わしもやりきでつけますよ
思いがけない臼挽き受けて　それで間(ま)がよきゃ明日の夜も
わしとお前さんと唐臼挽けば　腕の摩(す)れ合うほどのよさ
臼もしわいが旦那もしわい　内(うち)のおかみさんまだしわい（『磐田郡誌』大正十年刊）

三節目「もとどり様」は磨り臼の調整役で臼挽き歌の音頭取り、「やりき」はヤリギ（オシギの別称）と遣る気の掛詞(かけことば)。息の合ったやりとりは仕事の効率を高からしめる。これこそ労作歌の効用である。

重いから臼引(挽)く時にゃ　いやな百姓の嫁となる

臼を引くとて嘘（うそ）ばかいうて　臼の陰から袖を引く
臼を引くならこう引くものよ　心細かく根もよく
わしとお前と臼引きゃ軽い　臼は調練（ちょうれん）ただ廻る
歌が遅けりゃ臼まで遅い　歌を早めて臼廻せ　（『静岡県周智郡誌』昭和四十七年刊）

若い男女にとっては重労働のカラウス挽きも苦にならなかったらしい。三、四節目は臼の挽き方を指南した歌謡で、「調練」は熟練のことで、コツを身につければさほど労力を要しないとしている。歌唱の速度につれて作業の能率が上がり下がりする。そこに労作歌の大切な機能がある。

臼挽きは麦つき同様に手間換えで作業をする場合が多く、互いに他家の手伝いをする。また、若い男女の飛入りもあって、思いがけず意中の相手と組んでオシギを押す相性のよさに想いをかよわせる。一連の歌謡のなかに当家の夫婦を吝（しわ）い（しみったれ）とあてこする歌がある。作業歌としてなに心なくうたっているだけで他意があるわけではないだろうが、耳にした夫婦が苦笑するという場面もあったであろう。麦つき歌・臼挽き歌ともに信仰にかかわるものがなく、男女の愛情をうたったものが多い。男女があい寄って作業する場は歌垣（うたがき）にも似た遊びの場であり、交際の場でもあった。

四　茶　歌

静岡茶の起源については安倍郡大川村栃沢（現静岡市）出身の聖一国師（一二〇二〜八〇）が久能寺に入って天台の教えを学んだ後に宋（中国の国名）に渡って修学し、帰朝のときに茶種を持ち帰って美和村足久保（現静岡市）の地に播いて栽培したことが本山茶の始まりであるといわれている。

江戸時代には駿河と遠江の山間地域で茶の生産がなされ、綿・和紙の産物とともに年貢として上納されていた。一方、良質の静岡茶は「足久保茶」「清見寺茶」などの銘柄で広く流通するようになった。徳川家康が大御所となって駿府に隠居した後は将軍家の御用茶を勤めるようになり、生産が盛んになるとともに商品価値も高まった。安政五年（一八五八）に日米修好通商条約締結により横浜港が国際貿易港として開かれると、茶が生糸に次ぐ重要な輸出品となり増産を促した。その後間もなく維新によって成立した明治新政府が旧士族たちへの授産事業として牧之原台地の開発を奨励し、大井川の川越夫の入植も加わって茶樹栽培が一気に拡大し、茶業の盛行をもたらした。

茶樹の栽培法と製茶技法はかなりの変遷を経てきているが、近代前期の製茶法は、一本立ちの茶樹から手摘みにした葉茶を蒸籠（せいろ）でむし上げ、次いで焙炉（ほいろ）に移して葉茶を手揉みしながら乾燥させるという方法がとられた。手揉みの過程は錐（きり）を揉むように両手で葉茶をすり合わせるヨリキリ、葉茶を焙炉の中央に寄せ集めては両手で縒（よ）りながら押さえつけるように練って形を整えるデングリ、縒れた葉茶をさらに堅くしめて真っ直ぐにし艶を出すコクリ、最後に焙炉乾燥をして仕上げる。過程中デングリ揉みは静岡県で考案された技法でもっとも高い技術と力とを要する作業である。機械化が進んでいる現代でも、高級良質の茶は手作業で精製されている。

お茶は食事や接待・社交の場には、なくてはならぬ飲み物で、おやつと休息の一服をも「お茶」というまでに日常化している。

（一）　茶摘み歌

茶畑で葉茶を手摘みするときに「お茶摘みさん」たちがうたう作業歌である。五月上旬の八十八夜前後が新茶摘みの最盛期。「お茶摘みさん」は近郷近在からの女性の雇人（やといど）で、新芽の期間が限られているだけに平野から季節の進行を追って大井川・天竜川の流域をさかのぼる。次の歌謡は広くうたわれた。

お茶の出処は安西茶町よ　付けて廻すが宮ヶ崎
宮ヶ崎から車に積んで　牛に引かせて清水まで
清水港から蒸汽に積んで　海をはるばる横浜へ
横浜若い衆が手に手を尽して　目張り(めば)すまして異国まで
（中川根町徳山、静岡市足久保『県民謡』）

かつての茶の運搬ルートをうたい込んでいる。静岡市安西茶町は古くからの茶問屋の所在地で、ここから陸路を牛車で清水港へ積み出して、蒸汽船で横浜へ搬送、業者の手代(てだい)が荷造りをして外国へと輸出した。

大井川流域の川根(かわね)・金谷(かなや)・榛原(はいばら)には広大な茶園が展開している。牧之原茶園の開拓精神をうたった次のような歌謡もある。

八十八夜は茶の摘み初め　終わりゃ九月十五日

明日は摘もうと茶園を見れば　黄金白金見る心地
広い茶園に揃うた摘み手　白い菅笠赤襷（あかだすき）
お茶師さんとてけんたか（権高）ぶるな　茶摘みあってのお茶師さんでな
お茶師や米の飯（めし）彼岸か盆か　親の年忌かお茶時か
神に一心茶の木にゃ二心（鯡）　かけて願うは園のため（榛原郡金谷町泉町『県民謡』）

茶摘みは八十八夜に始まり、秋彼岸まで数回にわたる。その度ごと光り輝く茶園の光景をまのあたりにして満悦する。茶園に揃った茶摘み娘の装束は紺絣（こんがすり）の襦袢（じゅばん）に赤襷、白い菅笠がまばゆい。四、五節はお茶師をうたったもの。彼らは製茶専業者で、各流派に属し、指導者として茶揉みの腕を競った。気位（きぐらい）の高いお茶師は、お茶摘みさんの嫌うところであったが、茶農家にとっては大事な職人さんで、特別の日にしか口にできない白米のご飯に晩酌（ばんしゃく）つきという厚遇（こうぐう）でもてなされた。茶樹には鯡粕（にしんかす）の肥料を施し、その成果を神に祈ったのである。

お茶を摘むなら根葉からお摘み　根葉にゃ芽もあるコクもある
お茶を摘むなら三度にお摘み　地葉に天葉に廻り摘み（藤枝市瀬戸新屋『県民謡』）

これは茶摘みの要領を教示したもので、かつては根元の葉までていねいに摘み取った。

（二）　茶揉み歌

近代には茶農家が茶工場に焙炉を数台並べて、旅職人のお茶師を雇って製茶をおこなった。次はお茶師が朝の景気づけに、また仕上げのときにうたった歌謡である。

揉んで伸ばして艶だに出せば　世間お茶師で渡られる
締めて伸ばして色香を添えて　末はどなたに飲ますやら
お茶のデングリ揉みゃ　小腕が痛い　揉ませたくない主さんに

（藤枝市瀬戸新屋『県民謡』）

デングリ揉みは手首に大きな負荷がかかる作業であるゆえに、本来はお茶師の小腕が痛むのを気づかった茶摘み娘のうたった歌であろう。茶摘み歌と茶揉み歌は共通してうたわれることが多かった。

五　地つき歌

家屋の建築において柱を立てる土台となる地面をつき固める際にうたわれる作業歌で、胴(どう)づき歌あるいは用具の名をとってタコツキ（蛸搗き）ともよばれる。土台石をすえる工事は専門技術を要するから、石工(いしく)または大工の棟梁(とうりょう)の監督(かんとく)のもとに、近隣住民や親類の人々の手伝いを受け、共同労働の形で作業するというのが集落の慣習となっていた。普通規模の家普請には堅木(かたぎ)の短い丸太の杵(きね)頭に角を生やしたように数本の柄を取りつけたタコを持ち上げては落とす。大きな家普請になると櫓(やぐら)を組み、その頂上を介して大杵と手許とを繋ぐ十数本の引綱を手伝いの人々がタイミングを計って一斉に引いて杵を吊り上げては急にゆるめて落とす。そのタイミングを合わせるのが地つき歌の役割で、杵の側には杵の動きを操作するネドリ（根取り）またはシンドリという者がいて、音頭を取る。歌の後に一同が掛け声とともに持ち上げた杵を一挙に落として地をつき固めるのである。

ここは伊勢の国高天原だよ　ここ貸したまえ　地荒神、地荒神
めでたいなの末繁盛　ヨイショ、ヨイショ（返し。以下省略）

根取りの役だよ　根取り取らなきゃ　地(じ)はつけぬ、地はつけぬ
ここは大事な巽(たつみ)の柱よ　心揃えて　おつきやれ、おつきやれ
めでためでたの若松様がよ　枝も栄ゆりゃ　葉も茂る、葉も茂る
めでためでたが三つ重なりて　鶴が御門に　巣をかけた、巣をかけた
ここの背戸(せど)にはみょうが(茗荷)とふき(蕗)でよ　みょうが(冥加)栄ゆる　ふき(富貴)繁昌、ふき繁昌
根取りの役だよ　根取り上げにゃ　地はつけぬ、地はつけぬ（水窪町上村『県民謡』）

地荒神は土地の神「地神」と同類。普請の現場では、基礎工事に着手する前に地鎮祭を執行して土地の神をまつって工事の無事と家の繁栄とを祈る。屋内の竈にまつられる三宝荒神は火所の神・家の神として家産の安全を守護するとともに田の神としての機能をも有している。根取りは地つきを指揮し、打杵を操作する重要な役割を負っている。

地域によってはつく順番が定められていて、静岡市北沼上では大黒柱を振り出しに小黒柱、そして右廻りにホンズと称する本屋を廻り、次いで下屋に移る。同市上足洗では大黒柱または東の角柱を振り出しに左廻りにつくのを慣習とした。

春野町の集落では昼の野良仕事のあと、夜間に地つきをするのを慣習としていた。

今夜（こんや）地つきよ篝火（かがりび）焚いてよヨイショ　部落総出で地つきだよ、地つきだよ

（囃子）サノエーエンヤラヤノ　アレワイサノヨー　ヨイショ

めでためでたの地輻（じふく）の柱　枝も栄えて葉も茂る、葉も茂る

ここは真ん中大黒柱よく心揃えておつきやれ、おつきやれ

ここは乾（いぬい）よかいもん柱よ　清く正しくついてくれ、ついてくれ

ここは艮（うしとら）鬼門（きもん）の柱よ　親子代々守るよに、守るよに

ここは巽（たつみ）の柱よ　心新たにおつきやれ、おつきやれ

さあさ皆さん　ここはよさそうだよ　次の柱を頼みます、頼みます

おばばよく来た五升鍋（なべ）提（さ）げてよ　生まれ在所へ地つき餅、地つき餅

旦那（だんな）大黒御内儀さん恵比寿よ　出来たその子は福の神、福の神

めでためでたが三つ重なりて　鶴が御門（ごもん）に巣をかけた

鶴が御門になんとゆってかけた　お家繁昌とゆうてかけた

（春野町大時・川村義忠さん・明治三十三年生、同気田・勝田広芳さん・明治三十七年生、同花島・鳥居正男さん・明治四十年生）

初節の歌詞にみられるように農閑期の夕方から、集落総出の共同作業により夜更（よふ）けまでつくのを慣行とした。最初に地輻すなわち出入口の基礎の許（もと）で祝い歌をうたいながら熨斗（のし）を結わえつけた打杵をついて祝い、次いで大黒柱の礎石のところからつき始め、続いて右廻りに乾（いぬい）（西北）、艮（うしとら）（北東）、日の出の方角の巽（たつみ）（東南）と順についていく。

家造りには家相や方位が大切とされ、とりわけ乾と艮の方角を特に重要視して災祥と吉凶にかかわる忌みをともなっている。陰陽道（おんようどう）と日本古来の方位観により屋敷の西北隅は霊魂の来訪または帰去する方角として神聖視される一方警戒すべき方角と考えられていた。その一角には神樹を植えるとともに、遠江では特に地の神（屋敷神）の祠（ほこら）を祀っている。また、天竜川河口部左岸の磐田市や竜洋町では乾張りと称して屋敷の西北隅を肩を高く張ったように、角を立てて高くし土蔵を建てている。西北は冬の季節風が吹き寄せる方角であるとともに、川の氾濫が押し寄せる方角でもあるので気象や地理とも関係があるらしい。家屋の西北隅は奥座敷になっていて床の間に神棚、その隣りに仏壇が祀られている。艮（うしとら）は万鬼の出入する方角として広く忌まれている。

近所へ嫁（とつ）いだおばたちは地つき餅を鍋ごと提げてくる。餅は縁起物とされ、祝い事にはつ

地つき歌

採録：石川純一郎　　採譜：山崎　正嗣

ここは まん な ーーーーーーー か ーーーーーー
だい こく ばーーしらーー よ こ ーころー そろ えーー
ー て つ いて くーれ ついてくれ サノ エー
エ ン ヤラ サ ー ノ ア レ ワイ サ ノ エー (ヨイショ)

きもの。餅のほか、五つ重ねの重箱につめた握り飯を差し入れ、作業の途中で手伝いの人々に何度も、酒とともにふるまう。

春野町居寄では昔の庄屋家の大普請には地つきに五晩を要したといい、並みの普請でも三晩ぐらいは要した。

地つきの場では、地つき歌ばかりでなく、新築祝いの渡座（わたまし）などで祝い歌としてうたわれる言祝ぎ（ことほぎ）の歌もうたわれる。

ちなみに、建前には屋組の下で餅つきをして祝うのである。

六　船おろし・盤木おろしの歌

かつては海の沿岸各地で漁船の建造がおこなわれた。新造の船（ふな）おろし（進水）に先立ち、船のツツ（筒）またはタツ（立）と称する帆柱の控え柱の下部に船大工の棟梁が夜半（よなか）の上げ潮の時刻に人知れず船玉様（ふなだまさま）をまつり込める。神体は白粉（おしろい）と口紅で化粧した男女一対（いっつい）の雛人形を抱き合わせ、その足許に賽子（さいころ）一対と銅貨、女の髪の毛、五穀を詰める。賽子は「天一地六、向こう三三、外に五と見て、前は四合（幸）わせよく、中二（荷）ぐっつり」という語呂（ごろ）合わせにならって二つ並べる。

めでためでたの若松様よヨオーイ　アヨイヨイ
　枝も栄えりゃ葉も繁るションガイナ
　　アリャリャー　コリャリャリャー　リャートコセー　ヤア　ヤァアヤァ
今日は吉日盤木（ばんぎ）おろす　船子喜べ日は酉（とり）の日よ
枝も栄えりゃお庭も栄え　下ろせお庭の一の枝
一の枝より二の枝までは　三の小枝が邪魔となる
差した盃中見てあがれ　中にゃ鶴亀五葉の松
（浜岡町池新田・松下庄次郎さん・大正十三年生『浜岡町史　民俗編』平成十六年刊）

盤木は船台のこと。船台からおろす際にうたわれる歌であるが、すでに祝い歌となっている。労作歌と祝い歌は共通性があり、相互にうたわれる性格を有している。餅を撒いて祝った後に進水させて港内を三周する。

第二章　祝い歌

祝い歌は祝儀歌ともいい、個人や地域、生業、諸職業などの祝い事や饗宴（きょうえん）に際してうたわれる。個人や家の祝い事には誕生・年祝い・結婚などの人生儀礼や新築・屋根替えなどの建築儀礼にかかわるもの、地域の祝い事には社寺・橋梁などの施設の建造・修復や祭礼・法会（ほうえ）などにかかわるもの、生業・職業の祝い事には農村であれば田植えや収穫などの農耕儀礼、漁村であれば船の新造・漁獲にかかわるもの、職人にはそれぞれ職能にかかわるものなど広範にわたっている。

生業・諸職にかかわる祝い歌は労作歌との共通性があり、歌群に数節を加えたり除いたりするだけで祝い歌にもなり労作歌にもなる。

一　嫁入り歌

祝言（しゅうげん）すなわち婚礼は人生最大の祝儀である。静岡市の旧千代田村地区では、かつての慣習であった婚約の儀式を「決め酒」と称して、婿方・嫁方双方の世話人が両家の中に入って結納と婚礼の日取りを決める。吉日を選んで婿方の世話人（夫）が親類代表・樽担ぎの三人と連れ立って朱塗りの柳樽と鯛（たい）とを嫁方へ持参する。「両方で一升（一緒）になる」という縁起により、樽酒は五合ずつか、三合と七合にする。両者の話し合いで日程が決まったところで、一同冷酒をいただく。結納も同様におこない、いよいよ祝言当日を迎える。

大安吉日を選び、花婿方の世話人（夫妻）・親類代表・花婿・樽担ぎの五人ないし七人が花嫁方へ「迎え」にいき、待ち受けている世話人・親類代表と一緒に酒宴し、婚家に宵時分に到達できるよう門出する。花嫁一行が親元を離れるに際して、ニザイリョウ（荷宰領）が長持ち歌をうたう。

　それじゃかかさん、ととさんよ　行けば繁昌で暮らします

花嫁方から世話人（夫妻）・親類代表・ニザイリョウのほか、コシヅキ（腰付き）として叔母などがつきそい、ニザイリョウがみちみち道中歌をうたう。

　蝶よ花よと育てた娘　今日は他人の手にかかるナーエ
　あなた百までわしゃ九十九まで　ともに白髪の生えるまでナーエ

一行の提灯の明かりが見えると、婚家の衆や近所の衆が提灯を提げて出迎え、婚家の前へと導く。そこで双方の歌の掛け合いをとおして長持ちの受取り渡し（うけとり）をする。

（渡　し）めでためでたのこの長持ちを　渡しますぞえ先様へナーエ
（受取り）先の荷物を取るのじゃないが　長い道中の肩休みナーエ
（渡　し）めでためでたのこの長持ちは　綾や錦で蓋跳ね（ふたは）る
（受取り）今宵嫁さん迎えたからは　二度とケコシを跨が（また）せぬ
　　　　めでためでたのこの長持ちは　まんご（万劫）末代わが宝（静岡市旧千代田村地区）

ケコシは大戸（表入口の大きな戸）の敷居、「万劫末代」は永久の末の世までもの意。こうした歌の掛け合いは入家儀礼にも相当し、受取り渡しがすんでから花嫁一行は婚家に入って、婚儀をおこなった後、祝宴となり、夜が更けるのも忘れて、伊勢音頭や八木節、また子どもの誕生を予祝して地つき歌などもうたう（『千代田の民俗』昭和五十九年刊）。

春野町では荷担ぎの者を雲助（くもすけ）、それがうたう歌を雲助歌と称している。雲助はニンボー

（荷棒）という荷杖を持っていて、道中肩休めをする際に、これを荷物なり、担ぎ棒なりの下に当てて支えるのである。

今日は日もよし天気もよいし
めでたヨーイめでたの若松様よ　枝も栄えるヨー　ハー葉も茂るナーエ
家（うち）のお背戸へ榎の木を植えて　黄金花咲く花も咲く
道中雲助花なら蕾（つぼみ）よ　立場（たてば）々々で酒々と
ついておくれよ一杵（ひときね）なりと　かわい主さの肩休め
めでためでたが三つ重なりて　鶴が御門に巣をかける
主さ来る夜は宵からわかる　裏のお池で鶴が鳴く
（春野町居寄・水口邦夫さん・明治三十八年生、水崎彦夫さん・大正二年生、立沢義狼さん・大正三年生）

立場は馬子や人夫が馬や駕籠（かご）をとめて休息する所、祝い酒に酔った荷担ぎは道中、幾度となく肩休めする。また、出迎えと出合った場所でも祝い酒を飲み、ふらつく足どりで歌をうたって道中を賑わしながら婚家へと向かう。
嫁入り一行が婚家に到着すると、荷物の受取り渡しをする。

(受取り) おいでましたか待ちかねました 長い道中皆さまお世話
(渡　し) 長い道中荷物を担いで来たが 門(かど)にむしろを敷いてはないか
(受取り) 門にむしろを敷いてはないが 所の習いで是非がない
(渡　し) ここでなぁ荷物をお渡し申すよ 渡しゃなぁ受取る世話人様だよ
(受取り) 待ちかねました受取りました 二度と戻りのないように
(渡　し) 向こうへ見えるが四棟造り それが主さの住む里だ
(春野町居寄・水口邦夫さん、水崎彦夫さん、立沢義狼さん、同気田・小松勇さん・明治四十一年生)

簞笥(たんす)・長持(ながもち)をおろすためのむしろを敷いてないということで、気色ばむが、「所の習い」ということでとりなして無事に納まり、簞笥・長持ちが屋内に運び込まれると、嫁方の新客一行も請(しょう)じられ、婚儀がおこなわれる。

庵原郡蒲原町の若い衆座敷　中央の州浜台に樽神輿を据えて

なお、嫁入りの供をして来た新客たちが婚家を辞して帰る際に、門へ出て、嫁の腰がすわるのを祈念し、かつ子どもの誕生を予祝して地つき歌をうたって、地つきのさまを演じる。

二　若い衆座敷の歌

口承文芸の伝播伝承力は旺盛である。文字や音声のマスメディア登場以前のはるかむかしから、数多くの民俗歌謡・民間説話が口から耳への口頭伝承をもって全国津々浦々に流伝し、各地に伝承をみている。それらの伝播伝承の経緯や状況は多岐多様で、さらに機能も多面的である。

民俗歌謡は柳田國男の言葉をもってすれば、謡われる目的と用途があり、労作や祭儀の効果を挙げるはたらきをはたしている（『民謡覚書』）。伊勢音頭は伊勢地方を発生基盤として成立したもので、その成立事情にはいろいろな説があるが、地域の盆踊り歌などをもとに、伊勢神宮の御木曳木遣（おきびききやり）の「ヤートコセー、ヨイヤナ」という掛け声を囃子詞（はやしことば）とした歌であるといわれる。

伊勢音頭は建築儀礼における木遣歌はじめ、祝儀・祭儀における祝い歌、祭り歌、酒盛りなどでの座敷歌として多様なうたわれかたをしている。蒲原町では若い衆座敷歌として伝承されている。

蒲原町は旧東海道の宿場町とその西方に列なる四か村が合併してできた自治体で、堀川・諏訪・八幡町・天王町・本町・柵・西町・新田・小金・中（村）・堰沢・神沢の一二地区では、それぞれ所の氏神例大祭の宵宮の晩に地区ごとに、あるいは地区によっては二カ所に分かれて、青年たちが若い衆座敷を催し、ヤートコセ（伊勢音頭）を歌唱してお祭り気分を盛り上げる。

この伝統的な若い衆座敷が昭和二十年後半ごろから、次第に廃（すた）れ、今日までからくも命脈を保ってきたのは西町・新田地区である。両地区の氏神である和歌宮神社は明治八年に郷社に列せられた蒲原町随一の大社で、例大祭に神輿渡御（みこしとぎょ）の神事が執行されることが、この祝い歌の保存伝承にあずかってきた。

ちなみに、和歌宮神社は当地で詠んだとされる万葉歌「田児の浦ゆうち出でて見れば真白にそ不盡の高嶺に雪は降りける」で有名な歌聖・山部赤人の御霊を、浅間神社と合わせ祀った霊社で、かつては富士山観望の地・要ガ岡まで渡御し、神輿の扉を開いて叡覧を仰いだ(桑原藤泰編『駿河記』一八一二年)。

和歌宮神社の例大祭には西町・新田の両地区が隔年ごと交互に祭礼当番となって祭典運営にあたっているが、若い衆座敷は地区別に開催するならわしで、若い衆が宵日待ち前日から自区内の大きな家屋を借りて座敷作りをする。駿河湾岸の町並は街道に沿って間口四間ないし五間の屋敷割が敷かれ、住居はいわゆる町屋造りで、間口が狭く奥行の深い構造の家屋を並べている。表の二部屋と、表から裏へ抜ける土間とを利用して座敷を作り、その中央に三m弱四方ほどの台座を築いて杉・桧の葉で覆い、その上に樽御輿を載せて松竹梅で栄やし、鶴亀の剝製か作り物を配して饗宴の飾り物として州浜台をしつらえる。

宵日待ちには若い衆が州浜台を取り囲み、太鼓の伴奏でヤートコセをうたって酒宴を張る。歌詞は一〇〇節を越える膨大なもので、「長歌」と称する口説調のものも数十節ある。

サーヨーこちのナハーエ　（囃子）アツドーシタドンタ
エーエ座敷はヨホーエ　めでたい座敷よ　（囃子）エーヨーイセー
エー鶴と亀とがヨホーエ　エーヨイヤサー　ヤレ舞い遊ぶ
（囃子）ソリャーヤートコセー、ヨイヤーナハーエ
　アーアリャリャ　エーコレバイトセー　サー　ヤーレサーノーセー
今年ゃ豊年穂に穂が咲いて　海にゃ紅さす海老(えび)の漁
飲めよさわげよ今宵がかぎり　明日は出船の凪(なぎ)待ちる
船頭必ず高帆(たかほ)に巻くな　風に情はありゃしない
めでためでたの若宮丸は　艫(とも)に登りて眺むれば
　金や銀やの船板で　柱は珊瑚(さんご)で黄金咲く
上から鶴さん舞いくだり　下から亀さんはいあがり　鶴と亀との帆印で
　七福神が梶(かじ)取りゃ　宝船だと走り込む
娘十七八嫁入り盛り　簞笥(たんす)・長持(ながも)ち・鋏箱(はさみばこ)　これだけ持たせて遣るからにゃ
　二度と我が家へ戻るなよ　お父ちゃんお母ちゃんそりゃ無理よ
　昔の人の譬(たと)えにも　西が曇れば雨とやら　東が曇れば風とやら

千石積んだる船でさえ　港出るときゃ正面(まとも)でも　風の吹きよじゃ出ちゃ戻る
まして私は嫁じゃもの　縁がなければ出て戻る
（蒲原町・山地昌男さん・大正十四年生）

若い衆座敷歌は、由比町町屋原の豊積神社祭礼の「お太鼓祭り歌」とともに数多くの歌謡を伝承している。民俗歌謡の伝播伝承にはうたわれる目的と用途とともに、うたうべき時と場が備わっていることが必要条件であった。両者はまさにふさわしい場で、その磁場(じば)をなすと同時に坩堝(るつぼ)でもあった。なにほどかの伊勢音頭の伝播と場とがきっかけとなって祝儀歌・船歌・木遣歌・酒盛歌・地形(じぎょう)歌・参宮道中歌などさまざまの民俗歌謡を磁石のように吸い寄せ、かつ転用して、集団歌唱の現場は歌声創造の坩堝と化して新しい詞章を発生させたことは、多数の歌詞がものがたっている。

伊勢音頭は種々の民俗歌謡を吸収かつ転用して成長したことが知られている。その一方で、逆の現象もまた多く起こっていて、「ヤートコセ」の囃子詞のついた祝儀歌・木遣唄・地形歌の類も全国に拡散している。伊勢音頭の比類のないこの旺盛な伝播伝承力の根源はどのあたりにあっただろうか。

伊勢音頭が全国津々浦々に伝播伝承をみた理由の一つは歌詞の型式が七七七五調をなしていたことと深くかかわっている。近世における民俗歌謡の大半はこの型式を踏んでいるし、長物とよばれる口説き調の道中唄も、七七の上句と七五の下句との間に七五反復の歌詞を挿入していることで、伊勢音頭と他の民俗歌謡との互換による転用が容易にできたことが挙げられる。第二にめでたい歌であることと、陽気かつ躍動的な旋律で高唱に適していることなど音頭としての民俗歌謡の持ち味を充分に発揮しうることが広く歓迎された原因ともなっていよう。第三に歌の発祥地が民衆が「生涯に一度は……」とまでにあこがれ、あつく信仰を寄せていた大神宮の鎮座地伊勢の聖地であったことにあろう。このような晴れがましい背景が、全国的な展開や伝播伝承にあずかったことはいうまでもない。近世のむかしから、全国各地の民衆は数百里にもおよぶ道程を遠しとせず、茅の穂が風になびくように伊勢へとなびき、参宮の旅を敢行して大神宮に詣で、ついでに古市の歓楽街で芝居や踊りを見物し、かつ登楼して芸妓の伊勢音頭を耳目にし、それを旅の土産として郷里に持ち帰り、在地に根づかせた。第四には地方へ出向いて私的な祈禱をおこない、檀那（篤信者）に御祓大麻を配るなどの宗教活動をして信者の獲得と講中の組織に努めるとともに、信者を参宮にいざなった御師（太夫）とよばれる神人をはじめ、願人坊主などの大道芸人が田舎渡らいをして踊りや音頭を身過ぎ世過ぎの糧（かて）としたことも流布（るふ）の原因であり、願人節の流入もこうした事情によるものであった。

三　えんころ節

伊豆東海岸地域で婚礼や新築落成の渡座（わたまし）の祝い、あるいは祭礼などの祝いの席において最初にうたわれる儀式歌謡が「えんころ節」で、これが出ないうちは他の俗謡や流行歌をうたうことが戒（いまし）められている。口説調の長い歌詞で熱海市下多賀では十一節を伝えているが、うち三節・七節・九節目を抜粋（ばっすい）する。

さよいこのいかに　今晩今宵のおめでたに　満吉日の日をとりて
皆様おいでに下さらば　拙者（せっしゃ）もたいぜん仕（つかまつ）る　まわりまわりに車座に
御吸物が一座敷　次にめいめいお酒盛り　座敷に据えし蓬萊（ほうらい）の
台の周りに松植えて　一の枝にはお金が実（な）る　また尺積りし二の枝に
黄金花咲く米（よね）が実る　三と積りしその枝に　上から鶴が舞い下がる
下から亀が這（は）い上がる　鶴と亀とのお酒盛り　鶴のお酌で亀が飲む

亀のお酌で鶴が飲む　鶴の座持ちで亀が舞う　亀の座持ちで鶴が舞う
何と舞うやと立ち寄り聞けば　お家ご繁昌と舞い遊ぶ　ションガイナ
きさらぎ山の楠（くす）の木を　船に造りてはや下ろし　沖に出（いだ）いて浮きだりよ見れば
艫（とも）に大黒おもて（表）に恵比寿（えべす）　中に十二のお船玉　柱白金桁黄金
みなわ手縄をととのえて（調）　帆はホーホケキョ（法華経）の八の巻　艫の櫓（やぐら）に松植えて
松のあらしを帆に入れて　宝が島に走り行く　宝が（ママ）数々つみとりて
大島灘（なだ）を走り行く　花の鎌倉横に見て　品川御殿に一寸（ちょっと）寄りて
品川御所に走り行く　ションガイ
ここのお家（いえ）はよいお家　柱白金桁黄金　タレキ（棰）の台まで皆黄金
屋根はごばん（小判）のコケラ（柿）葺き　お家の向きは辰巳（巽）向き
宝入りくる門構え　東面（おもて）に窓を切る　窓の簾（すだれ）が銭簾
銭のめど（穴）から朝日さす　朝日長者と祝いつのる　ションガイナ

（国選択無形民俗文化財調査報告書『下多賀神社水浴せ式—伊豆・駿河の水祝い』
平成元年刊）

前節の「たいぜん」は大膳職の略で、ここでは相伴すなわち正客に同席して接客する者というほどの意。後節の「きさらぎ山」は如月山で、如月すなわち陰暦二月は船材伐木の最適期。「みなわ」すなわち水縄は和船の綱具で、帆桁にかけて操作する綱のこと。「松のあらし」は松籟すなわち松に吹く風のこと。

前節は祝宴歌、中節は右の語句解釈で察しられるとおり、船卸しの祝い歌、後節は「室寿ぎ」すなわち渡座の祝い歌である。「えんころ節」の名で宮城県の沿岸地でも伝承されている。「如月山」の歌謡は東北地方から九州地方にかけての沿海各地に伝承されている。「ションガイナ」は「しょんがえ節」の囃子詞で、江戸時代からさまざまの歌詞と旋律によりうたわれた流行歌であるが、伊豆の東海岸では儀礼歌として尊重されている。

船木伐りといえば、『日本書紀』応神天皇五年冬十月の条下が思い起こされる。それには「伊豆の国に仰せて船を造らせた。長さ十丈。船が完成し、試みに海に浮かべると船足が軽く、疾走する。故に船を枯野と名づけた」（筆者意訳）とある。旧中狩野村に鎮座の軽野神社記には「枯野は即ち軽野にして、此神社は恐らくこの船木を伐り出したる際、祭れる神にやと思はる」（『静岡県神社志』）とある。ちなみに、楠は巨木となり、うつくしい木目を持ち虫害に強い特性があるところから船材・建築材に好適である。

小笠郡浜岡町の棟梁送り

四　棟梁送り歌

家屋の建築過程においては、地祭り・地つき・手斧初め・建前・屋根葺き・家移りと一連の儀礼が執りおこなわれる。建前は屋材を組み立てる作業で、組み上がると棟上に三本のノサボウ（幣棒）を立てて神饌を供え、棟梁・施主と親族などが参列し、神職司祭のもとに儀式をおこない、祝宴に続いて棟梁送りをする。家屋が完成すると入家儀礼にあたる渡座の祝いをする。

棟梁送りを「幣送り」ともいい建前の祝宴なかばに、前庭において棟木に飾り立てた幣棒を地つき棒に見立てて木遣歌や地つき歌などをうたいながら地つきを真似て祝い、やがてそのまま棟梁を居宅に送りとどける。棟梁送りのときに幣棒の飾りの布旗を細く裂いて引き綱と見立てる。棟梁の居宅が近ければ、道中も同じように賑わしながら餅を撒き、沿道の人々の祝福を受ける。棟梁方では施主から贈られた餅や酒肴と棟梁からの振舞い酒で夜中過ぎまで酒宴をする。

由比町では棟梁造りにともなって大工木遣をうたう。

ソーリャエー　一じゃ大山ヤエー　一じゃ大山石尊様だヨーイトナー
二では新潟二では新潟　白山様だ
三じゃ讃岐の　三じゃ讃岐の金毘羅様だ（由比町町屋原・原一さん・大正十年生）

以下「四では信濃の善光寺様」「五つは出雲の大神様」「六じゃ六角堂の六地蔵様」「七つは七屋の七面様だ」「八つは八幡の八幡様」「九じゃ熊野の権現様」「十じゃ所の氏神様」と続く。一から十までの漢数字の音訓で国名・地名などと名社名刹を列挙している。蒲原町では同様の歌謡を氏神の祭り歌としている。伊勢参宮の道中歌「恋の願掛け」が本歌である。

五　渡座の歌

新築家屋ができあがると吉日を選んで転宅する。これを「渡座（わたまし）」または「家移り（やうつ）」と称し、棟梁や親類縁者を招いて祝宴をはる。初めに招客のなかでその心意のある者が先頭に立ち、その後ろに施主の家の若い者、両親健在の親族など数人が供をして、めいめい粥を盛った椀と箸を手に持って続き、大黒柱・雌大黒柱・客間と座敷の間の柱へと唱え言をしながら箸でもって粥を進上して廻る。

徳つく福つく幸いつく　八棟造りに苔（こけ）うち生やして　延命長者の渡座粥すすろう
（先導者が一箸粥をなめてから柱へ一箸進ぜる）
おいらも後（あと）から粥すすろう（供の者が前者の所作を真似る）
（浜岡町東町・塚本浩さん・大正十四年生『浜岡町史　民俗編』）

浜岡町では先導者のあとを受けて供が「おいらも……」と続ける形式になっているが、静岡市則沢では「粥（かい）すすろ　粥すすろ」と屋内のおもな柱に粥を進ぜた後に次のような唱え言により、家誉めと施主誉めをして祝福し、家運長久を祈る。

おんめでたいやめでたいや　鶴が千年亀が万年　東方朔が八千年　三浦介が九千年　浦島太郎が百六つ　今宵御当家の家移りで　裏手の方を見るなれば　金銀茶釜を掛け並べ　横手の方を見るなれば　横にはお蔵が八戸前　座敷の方を眺むれば七福神の楽遊び　大黒恵比寿がお盃　中なるお酌が毘沙門で　それをとりもつ弁財天　お庭の方を見るなれば　庭の大木生え茂る　池面の方を見てやれば　鯉や緋鯉の楽遊び　おんめでたいやめでたいや　当家の御主人見るなれば　お恵比寿さんにさも似たり　おんめでたいやめでたいや

（静岡市則沢・細沢悦司さん・大正三年生『千代田の民俗』）

なお、『安倍郡誌』には、「此の日屋内に篝火を焚き爆竹を行ひ浄め竈を造り青竹焚きて小豆粥を作って之を啜る」とある。また「柱誉め」といって、この家移り粥の初を容器に盛り、招待客の古老もしくは両親ある年長者が二人で、大黒柱から始めて四方の柱に次々と箸で粥を塗りつつ、此の御柱は目出度いな、鶴は千年、亀は万年、東方朔は八千年、浦島太郎は百六つ、此の柱は八百八十年、親代々、孫、ひこ、やしゃごまで、福つく徳つく幸つく、八ツ棟造りに苔打生へて延命長者のわたまし（渡座）粥啜らう

と祝詞を唱えると一同がこれに続けて「吾等も後から粥啜らう」と唱和し、最後にまた大黒柱に戻ってこれをすると記している。ただしこの習俗が明治に入って廃れた地方が多く、上棟式においてするのが通例となったとも注記している。同様の記事が稿本『安倍郡千代田村誌』（大正一・二年）にも載っている。

六　土肥大漁節

大漁祝いの歌で、大漁の帰港時に大漁旗をなびかせて櫓を漕ぎながら、また、大漁祝いの席でもうたわれた。土肥町には稲木・山仙・植久などの網元があって、網元が催す万祝の席はじめ、婚礼や祭礼の際にもうたわれ、踊りの振りもついている。

一つとせ　ア、ソレソレ　一番漁して優勝旗　立てて新造の船卸し

浜は大漁だね　コリャコリャ（囃子）

二つとせ　船山沖から　わなか（湾内）まで　続いて入り込む大鰯

三つとせ　みな一同招き上げ　大漁祝いの賑やかさ

四つとせ　夜昼焚いても焚きあまる　鰺鯖混じりの大鰯

五つとせ　何時来て見てもこの浜は　空間も隙間もさらにない

六つとせ　向いた舳先は土肥港　続いて入り込む大鰯

七つとせ　名高い土肥の夜曳網　鰺鯖並べてせきがない

八つとせ　八重の潮路を乗り越えて　万祝揃えて大瀬参り

九つとせ　この浜守る弁天さん　大漁授けてくれました

十とせ　十が重なりゃ百となる　千両積みます万両箱

（土肥町大薮・佐藤利子さん・大正十五年生、佐藤明広さん・昭和二十四年生）

「万祝」は大漁があったとき網元が漁師たちに贈る鯛や鶴亀の文様を染めた引出物の沖着物で常衣の上にはおる晴着。「せき」は余地の意。

土肥の大漁節は千葉県銚子港一帯において鰯の大漁のときにうたわれてきた大漁節の歌詞

に土肥の固有名詞をあてはめた替え歌である。大瀬は伊豆半島北西端の駿河湾に突出した砂礫州の岬に鎮座の漁業神・大瀬（おせ）神社のこと。四月四日の例大祭には湾岸の漁港から大漁旗や杉の葉などで儀装をほどこした漁船を仕立てて漁業関係者が参詣につめかける。

七　棒木歌（遠江船歌）

神社仏閣など御開帳などの縁日や祭典の際に船元が大漁満足・海上安全を願って祈禱の棒（ぼう）木（ぎ）と称する柱状五輪塔婆を境内に立てて供養する。

沖は波気だヨイヨーイ　赤みが見ゆるハァーヨーイヨイ
　ここが若い衆の腕試し　ハァーヨイヨイヨイ　ヨイトコセー
　　アリャリャ　コリャリャリャ　リャートコセー
揃た揃たよ船方様よ　稲の出穂よりなお揃た
今日は大山（おおやま）波切不動さんの　めでたの開扉よ
　　　（浜岡町大山・阿形伝蔵さん・大正三年生『浜岡町史　民俗編』）

浜岡町池新田地区の大山に鎮座の大山不動尊の開扉（開帳）には、右の歌を唱和しながら祈願を込めて棒木を奉納する。なお、卒塔婆の形をした柱状の棒木の四面に願文と真言陀羅尼を墨書してある。大山不動尊は相模国の大山石尊社から勧請された霊社である。

後に船子の衆が「棒木扱ぎ」といって奉納のときと同じように棒木歌を唱和し、かつ賑やかに囃しながら紅白の布縄で引き倒って抜き取り、船元の屋内へと持ち込んで祝い、酒肴の饗応にあずかる。その後、棒木を海岸のスカ（砂丘）の上に構えた浜小屋の柱にするなり、傍らに立てるなりしてまつる。

第三章　祭り歌

神社の祭礼において氏子（うじこ）が神輿渡御（みこしとぎょ）に供奉（ぐぶ）してうたう神幸歌（しんこうか）、山車（だし）・屋台・練り物の引き廻しなどの際にうたう練り歌、神事としておこなわれる舞や踊りにともなう踊り歌などを総称して祭り歌とよんでいる。

祭り歌として各地の氏神祭りに多くうたわれているのは伊勢音頭や鹿島踊り歌・船歌などである。伊勢音頭を祭り歌としている主な祭りは由比町町屋原の「お太鼓祭り」、舞阪町四町の「大太鼓祭り」などである。鹿島踊りは相模から伊豆東海岸にかけての沿海地帯に数多く伝承。御船歌は伊豆の東西沿岸と遠江の榛原町・相良町、そして竜洋町・浜松市の御船行事にともなって伝承されている。

一　お太鼓祭り歌

由比町町屋原地区における氏神・豊積（とよつみ）神社の年頭に執（と）りおこなわれる「お太鼓祭り」は氏神の御霊（みたま）を遷（うつ）したお太鼓を担ぎ、ヨンヤセをうたいながら地区内を神幸する。この祭りは、冒頭に「御代（ごよ）はめでたの若松様よ…」の祝い歌をうたうところから「若松様」ともよばれて

庵原郡由比町の入れ太鼓。当家の主がバチを持って打つ

いる。

かつては豊積之社浅間大明神と称して木花之佐久夜毘売命を祭り、明治六年に郷社に列している。社伝によると、この祭りの起源は平安時代の武人・坂上田村麻呂が延暦十六年（七九七）の春、征夷大将軍として蝦夷征伐に向かう際に、当神社に参詣して戦勝を祈願し、願いがかなって凱旋のときに神楽を奏してお礼をしたことにあるという（『静岡県神社志』昭和十六年刊）。

祭りは元朝に始まり三日の朝に終了する。元朝に神職の司祭で歳旦祭を執りおこない、神霊を神輿に見立てた太鼓胴の神座に遷し、正午過ぎから「渡り初め」をする。榊を捧げ持った神職を先頭に、お太鼓の供奉者一同が行列をなして地区内を一巡する。当夜はヨンヤセをうたいながら夜更けまで大通りを往復し、これには青壮年はじめ老若男女が随行して通りを練る。

　二日は「入れ太鼓」と称して、この一年に結婚・新築・出産などの慶事があった家々と、新成人となった若者の家々に青壮年者が中心となってお太鼓を担ぎ入れ、ヨンヤセをうたって祝福する。また、家人たちにもバチを渡して太鼓を叩いてもらい、ともに祝って饗応接待にあずかる。慶事の多かった年には深更に及ぶが、当夜は夜通し大通りを練り歩く。

　夜を徹して練り歩いた一行は、三日の暁（あかつき）に大通りを離れて豊積神社参道へと歩みを進め、朝方に境内の鳥居前に到達し、お太鼓を担ぐ若い衆等が境内に進入しようとすると、待ち構えていた壮年者等がこれを押し返し、双方の間で激しいもみあいが演じられ、一場が興奮の坩堝（るつぼ）と化して大いに湧く。その間もとぎれることなくお太鼓が打ちならされ、ヨンヤセがうたわれる。その後「送り太鼓」となり、青年団長が音頭を取ってうたうなか、お太鼓を担いでいる半身裸の新成人たちに、境内の神泉から汲み取った浄水を次々と浴びせかけ、水祝儀をもって一連の祭事を締め括る。

　祭り歌は八羊会という組織がまとめた『お太鼓祭典歌々集』に七〇〇節ほどの七七七五調の歌詞が収録されており、「物尽し」や「口説歌（くどきうた）」ともとれる一連の歌謡も多くある。祭り歌の性格上、特定の場面でうたわれる役歌ともいうべき歌謡がある。まず、境内でうたうべきものとされている歌謡は次の通りである。

御代(ごよ)はめでたの　イーワー　ヨーイ　若松様よ　ヨーイ
　枝も栄えて　ヤレヤレ　葉も茂る　オモシロヤー　ヨンヤーセー　ヨンヤーセー
　　エー若松様よ　ヨーイ　枝も栄えて　ヤレヤレ　葉も茂る
　　　オモシロヤー　ヨンヤーセー　ヨンヤーセー

むかし田村麻呂将軍様が　戦勝祝いこの祭り
勝ちし戦(いくさ)のお礼の太鼓　後の世までもこの祭り
想い積もりて駿河の富士よ　溶けて木花之佐久夜毘売
宮のお庭はめでたいお庭　鶴と亀とが舞い遊ぶ
元旦に神に向かいて手に手を合わせ　悪事災難逃げるよに
高き銀杏(いちょう)の鎮守の杜(もり)で　響く太鼓の勇ましさ

祭りの由緒、祭神名、祭りの言祝(ことほ)ぎ、祈願の趣旨などがうたい込まれ、お太鼓祭りには必須の歌謡である。入れ太鼓には当家の慶事を祝って最初に若松様をうたい、次いで祝い歌・誉め歌をうたって言祝ぐ。

めでためでたの三つ重なれば　中にゃ鶴亀五葉松
ここの座敷は目出度い座敷　鶴と亀とが舞い遊ぶ
ここのお内儀(かみ)さんいつ来てみても　紅の襷(たすき)で金計る

送り太鼓の場面では次の歌謡をうたってしまいとなる。

太鼓降ろして塩花で清め　納め置きますこの宮へ
これが今年のしまいの太鼓　納め置きますこの宮へ
これが今年のしまいの太鼓　ご縁あるなら来年も

かくして、祭りは「オモシロヤ　ヨンヤーセー　ヨンヤーセー」の囃子詞をともなう祭儀性充分な祭り歌でもって展開される。

お太鼓祭り歌

採録：石川純一郎　　採譜：山崎　正嗣

若い衆座敷の祝い歌とお太鼓祭りの祭り歌との歌詞には共通のものもあるが、異なったものもある。歌謡の数量が膨大であることから、伊勢音頭とは関係のない流行歌すなわち俗謡の類を数多く取り込み、郷土の下田節・船頭歌・茶歌・酒屋歌・木遣歌・地つき歌・馬子歌・酒盛歌・えんころ節・盆踊り歌など多種多様の歌謡を含んでいる。

一方、伊勢音頭を代表する歌謡として広く人々に知られた次のようなものも数多くうたわれている。

伊勢は津でもつ津は伊勢でもつ　尾張名古屋は城でもつ
伊勢へ七度熊野へ三度　愛宕様へは月参り
伊勢へ行きたい伊勢道見たい　お杉お玉の顔見たい
伊勢へ参らば朝熊へ掛けな　朝熊掛けねば片参り
朝熊山では古市が見える　あれが古市か懐かしい
伊勢の古市で弾く三味線は　聞こえますぞえ宮川へ
伊勢の山田油屋のおこん　おこんなければ真の闇

朝熊ヶ岳には伊勢神宮の鎮護寺で空海開基と伝える金剛証寺があって十三参りや先亡供養の霊場として庶民の信仰が厚く、道者は参宮の後に朝熊をめぐる行路を取って霊薬・万金丹を求め、郷里への土産とした。山からの展望が開け、眼下に見る古市は内宮と外宮との間にある間の山歓楽街、妓楼の油屋はかつて繁盛をきわめた。信仰の旅は遊興との道連れであった。

伊勢参りの信仰習俗

江戸時代から明治時代にかけては「一生に一度は…」の願いをかけて庶民の伊勢参りがきわめて盛んだった。参宮には大きく分けてコミュニティーを代表しての代参と個人的な参拝との二つがあったが、代参については『静岡県安倍郡誌』によると次のような信仰習俗が守られていた。

①参宮者はあらかじめ産土神に詣でて旅の無事を祈り、境内の土をお守りとして懐中にし、村人や親戚・知己に見送られ、村境で別れを惜しんで伊勢音頭をうたいながら出発する。

②留守宅では朝夕に参宮者の無事を祈って陰膳を供え、親戚知己から留守見舞いとして赤飯その他を贈られる。桑名の渡しにさしかかった頃に、留守宅では「船祝い」として神棚に神

酒・灯明を供えて渡航の無事を祈る。
③代参者の帰郷の際には、自分の村に入る前に急ぎの飛脚を立てて報告する。すると村中講中の者がみな村境まで迎えに出る。所によっては紅白の布切れで盛装した馬を引き、小鈴の音も勇ましく出迎える。代参者はこれに乗り、道々菓子または銭を撒（ま）いて子どもたちに拾わせる。この際に一同が伊勢音頭をうたう。
④いよいよ村に帰着すると、清浄の地に設けた祭壇において神離れの神事をおこなって伊勢神宮の方角へ礼拝し、神酒をみなにふるまう。産土神に詣でて無事帰村を奉告し、御祓箱（おはらいばこ）を納めて家に帰る。
⑤翌日に庄屋宅または総代宅にて下向祝いを催し、慰労の祝宴をする。代参者は神札に伊勢の土産（みやげ）を添えて各戸に配る。
伊勢はわが国随一の聖地として、人々から厚く崇敬され、いまに栄えている。

二　大太鼓祭り歌

大太鼓祭りは旧舞阪宿における西町・砂町・新町・仲町の四町内の氏神・岐佐（きさ）神社の祭典にともなう祭事である。砂町に鎮座の岐佐神社は平安時代に編さんされた延喜式神名帳に敷（ふ）

知郡六座の一つに数えられたとみなされる神明社で、岐佐貝姫命・蛤貝比売命を祭神としている。大祭日は従前どおり旧暦九月十四日・十五日の両日となっていて、十五日の本祭日における稲荷山への神輿渡御にともなって木遣歌と伊勢音頭がうたわれる。神幸に随行する台車に積載された直径二メートルあまりの大太鼓のずしんと腹に響くような音が呼び物である。四町内ともほぼ同種の木遣歌・伊勢音頭を伝承している。

仲町の木遣歌

ソーライェー　皆さんご苦労じゃ　ヤーハーイェー
ヤットコーセー　ヨーイヤナー
ソリャコーソー　御山神輿が　お立ちなさるぞ　ヨーイトーナー
アーレハ　アリャリャンリャン
（ホイ）ヨーイトーコ　ヨーイトーコセー
髪の結いたちゃ　親でも迷うぞ
富士の白雪ゃ　朝日で溶けるぞ
皆さんご苦労じゃ　御山神輿が納まりなさるぞ

仲町の伊勢音頭

揃たナーエ
　エカ　ソダ　ヨイヨーイ
エー揃たは　仲町(なかちょう)のエ　若い衆よ
アッソダ　ヨイヤサッサー
アリャー　稲のナーヨーエー　出穂よし
アーレナンダコリャー
横揃ったよ
アッヤンブレガサー　ヤートーコー　セー　ヨイヤー
アリャリャー　コレワエセーエ　サーサ　ヤレヤレコイノーセー
ホイホイ　ホホイットー

めでためでたの若松様はよ　枝も栄えりゃ葉も茂るよ
見たか聞いたか名古屋の城はよ　金の鯱鉾(しゃちほこ)雨ざらしよ
伊勢じゃ古市油屋おこんさんよ　器量好し愛嬌(あいきょう)者よ

この祭りが祭囃子に重点がおかれることになったのにともない、大正期から四町内が競って大型の太鼓を新調するようになり、今日のような巨大な太鼓になった。人気をとる舞阪の大太鼓祭りの影響を受けて同町弁天島はじめ雄踏町、浜松市馬郡町・坪井町・篠原町などの周辺地域でも大太鼓を導入するようになったという（舞阪町立郷土資料館資料集『舞阪大太鼓祭り』平成十一年刊）。

三　鹿島踊り歌

鹿島踊りはお船祭りとともに相模湾西岸から伊豆東岸にかけての一帯に集中的に分布をみている格調の高い神事舞踊で、かつては小田原市石橋から東伊豆町北川まで二二カ所に伝承されていたが、現在は一七カ所となっている。うち静岡県側が一一カ所を占めている。

鹿島踊りは神社祭礼における社前の庭で、そして海浜への神輿渡御に供奉して、漂着神伝承をもつ霊石や浜辺(はまべ)をお仮屋として、神輿前神事が執りおこなわれる場面で歌上げがうたう歌に合わせて颯爽(さっそう)と踊られる。装束は白布の狩衣に烏帽子(えぼし)のいわゆる白張(しらばり)装束の所と浴衣がけの所とがある。各所とも鹿島踊りに奉仕するのは氏子中の青壮年男子三〇名ほどで、太鼓や鉦の鳴り物入りの所と鳴り物が入らない所があって、しかも黄金(こがね)柄杓(びしゃく)・お鏡・幣帛(へいはく)・扇子などを採物（とりもの）として手に持つなど多様であるが、踊り歌はほぼ同様である。

千早振る神々をいさむなれば　みろく（弥勒）踊りめでたし
誠やら熱海が浦へ　みろくお船が着いたとせ
　ともへ（艫舳）には伊勢と春日の　中は鹿島の御社（おんやしろ）
十七が沢に降りて　黄金柄杓で水を汲む
　水汲めば袖が濡れ候　襷（たすき）を掛け候さいな十七
天竺は近いなじょろ（女郎）　たたら（踏鞴）踏むのが聞こえる
　そのたたらなんと踏む　たたらたたらと八つに踏む
鹿島では稚児踊り　ごまんどう（護摩堂）では護摩を焚（た）く
　その護摩をなんと焚く　日本御祈禱と護摩を焚く
天竺の雲の間（あわい）で　十三小姫が米（よね）をまく
　その米をなんとまく　日本つづきと米をまく
鎌倉の御所の御庭で　十五小女郎が酌をする
　酒よりも肴よりも　十五小女郎が目につく

目につかば連れてござれよ　御江戸品川の果てまでも（熱海市西山町・来宮神社）

鹿島踊りは鹿島神宮の物忌（巫女）が一年の豊凶・吉凶を占ってお告げをすると、そのことを鹿島の神人たちが各地に触れて歩いた、いわゆる「鹿島の事触れ」が背景をなしているとされている。一・二節は海の彼方から伊勢・春日・鹿島の三神に導かれて、米俵を満載した弥勒御船の到来に歓喜する庶民の心がうたわれている。常陸や房総地方には弥勒踊りがあって、相模湾西岸と同類の歌謡が伝承されている。熱海市の来宮神社の鹿島踊りも「弥勒踊り」と同種の芸能である。

庶民が想い描いている「弥勒の世」は米が豊かに稔る理想の世の中であって、豊年こそ庶民待望の神のお告げであった。五節は護摩を修して悪霊の障りを払い除け、永世に「弥勒の世」が続くことを心願する趣旨がうたわれている。

なお、「天竺」「鎌倉」「十七」などの歌謡は伊豆の麦つき歌と共通であることが注目されるところである。

伊東市新井の大祭り　御座船(ござふね)による海上渡御

四　御船歌

静岡県には御船祭りの伝承圏が二つある。一つは部分的に鹿島踊りの伝承と重なり、相模湾西岸の真鶴から熱海市・伊東市にかけての伊豆東海岸とその同緯度にある西海岸の戸田村・賀茂村を加えた地域である。もう一つは遠江の榛原町・相良町・竜洋町・浜松市にかけての海岸地帯である。

伊豆の御船祭りは海上に御座船を浮かべての神事であったのにたいし、遠江のそれは船型横型を用いての神事である。双方とも祭儀においては御船歌がうたわれる。

伊豆の御船祭りも実際に御座船をもって海上渡御をおこなっているのは東海岸の伊東市新井

の大祭りのみで、他は船型屋台となり、神社から海辺に渡御する形式になっているが、渡御に際し御船歌が朗唱されている。それらの伝承圏でうたわれる御船歌は「初春」「桜揃」「真鶴くどき」「黄帝」「新玉」などである。

西海岸は戸田村の旧家・勝呂家では「舟唄」と題する古い唄本を所蔵している。当家はその昔紀州徳川家の御石場預りの御用を勤めていた家柄で、当時、千歳丸という千石船を拝領した際に唄本もともに伝えられたといい、「黄帝」「月見」「酒」「初春」「稲荷」「松」「桜」の歌詞を収めている。当地では御座船を「関船（せきふね）」とよびならわし、かつては初春の行事として正月二日に村の漁師たちが船を出し、御船歌をうたいながら湾内を漕ぎ廻ったが、いつの頃からか勝呂家が漁師たちを招いて酒肴をふるまうようになった。その慣行も明治維新のときに取りやめとなり、その後は進水式や正月の酒宴の席での漁師踊りにともない祝い歌とともにうたわれるようになった。

御船歌は江戸時代に将軍家や諸国の藩侯に召し抱えられた、御船手（おふなで）とよばれた船奉行たちによって、新造官船の進水式および将軍・諸侯の乗船の際に船上で儀式として厳か（おごそか）にうたわれた寿ぎの歌謡で、当地でうたわれている御船歌の多くは地域性が希薄（きはく）で、幕府の官庫本『御船唄留』や『尾張国船唄集』収録のそれとほぼ共通している。

榛原郡相良町・大江八幡神社の御船神事

遠江の榛原町鹿島・細江と相良町大江・波津の氏神四社の御船行事ではそれぞれ境内において船形模型の「帆柱起こし」と「帆揚げ」の儀式を音誦人（おんしょうにん）の、木遣唄・口説木遣歌詠吟によって執りおこない、練りの際には御船歌「目出度」「黄帝」「初春（鎧口説）」「白浪」と「初夢」「恋尽」をうたう、「目出度」から「白浪」までは幕府船歌と同種で、「初夢」は幕府右筆の屋代弘賢が編んだ「諸国風俗問状吉田領答書」に収録の新居での三河国吉田藩の役人による船乗初めの儀礼でうたわれた歌謡の中に、正月を寿ぐ歌とともに収められている。これにより幕府伝習の御船歌が静岡県下の祭り歌として広範に用いられていたことがわかる。

第四章　遊び歌

遊びは歌舞音曲（おんぎょく）のなぐさみや遊戯のことでもある。柳田國男の分類案によるとおもに民間の儀式に用いられるもので、祭り歌との境目（さかいめ）のはっきりしないものもあるとして、田遊び歌や盆踊り・雨乞い踊りなどの歌謡を挙げているが、古代の歌垣（うたがき）の遺風（いふう）をとどめる「ひよどり歌」も加えるべきであろう。

一　駿河舞歌

郷土静岡の遊び歌の源流をたどると「東歌（あずまうた）」と「東遊（あずまあそび）」にゆきつく。『万葉集』の東歌は遠江国・信濃国以東を採集地として、遠江国の歌二首、駿河国の歌五首、伊豆国の歌一首を収めている。それらのうち次の歌には口誦性（こうしょうせい）が色濃くにじみでている。

伎倍人（きへひと）の斑衾（まだらふすま）に錦さはだ入りなましもの妹が小床に（三三五四）
さ寝らくは玉の緒ばかり恋ふらくは富士の高嶺の鳴沢の如（三三五八）
伊豆の海に立つ白波のありつつも継ぎなむものを乱れしめめや（三三六〇）

（日本古典文學大系『万葉集』）

右はそれぞれ遠江国、駿河国、伊豆国の国風（風俗歌）で、郷土の風土に密着した素材をもって恋愛感情を大らかにうたっている。

東遊びは東国地方伝承の歌舞で、駿河舞はその一演目。初めは駿河の神事芸能であったらしいが、平安時代のむかしに宮廷や公家の採用するところとなり、次第に東遊びとして形を整えていった。

延喜二十年（九二〇）に勅定の東遊譜は「一歌　二歌　駿河歌　求子歌　加太於呂志」からなる五曲一具の歌舞で、このうち舞のあるのは駿河歌と求子歌の二曲である。駿河舞の歌謡は形式・詞章ともに古雅な遊び歌で、四段で構成されている。うち一段は、

ヤ　有度浜に　駿河なる有度浜に　うち寄する浪は　七くさの妹ことこそよし　ことこそよし　七くさの妹は　ことこそよし　逢へるとき　いざさは寝なむ　ヤ　七くさの妹ことこそよし

というもので、有度浜にいる美しい乙女を自分のものにしたいものだという心情の表白(ひょうはく)となっている。

東遊歌は伊豆七島の三宅島にも伝えられていて、三宅島のそれは三嶋神社(富賀神社)の社家・壬生家相伝の『三嶋大明神縁起』に収められている。伊豆の島に古くから東歌、とりわけ駿河舞が伝えられていたことは、それが東国の舞であり、奏せられた歌は駿河国の神事歌謡であったことをうかがわせるにたるものであり、はからずも郷土の民俗歌謡の古態を垣間見た思いがする。

国風というなかでも時代が中世あるいは近世までくだることになるだろうが、「駿河踊歌」が熊野那智や近江油日神社、そして伊勢は美里村など各地に伝えられている。

二　田遊び歌

田遊びは稲の豊作を予祝する民俗芸能で、静岡県下各地の社寺仏堂において初春の儀礼としておこなわれている。遠江がことに盛んで、田楽・おくない・ひよどりなどという修正会の法会のたぐいにも田遊びがあわせ修されている。それらは田打ちに始まって代掻き—種播き—田植えまで、さらに収穫にいたるまでの稲作過程を中心とした農耕儀礼に、害鳥・害虫、あるいは旱魃や風水害などの災いを払い除ける呪術的な攘災儀礼をまじえて構成されている。それらに付随して、舞殿を太刀・長刀をもって清浄にし、魔障が入れぬよう結界をする呪師の作法が実修されるなど様々で、芸態もまた多彩な展開を示している。

その第一は神事的要素が濃厚で、詞章の朗誦が主調をなすもの。森町の小国神社の「田遊び」が典型で、天竜市懐山の「おくない」をも含めて田遊び系の芸能の多くは長編の詞章（口承文芸）をともない、単純な所作のもとにそれを唱える。その唱え言は、伝統的な言霊信仰にもとづいた祝禱文であって、言葉のもつ霊威によって栄やし、豊穣の具現化を予祝する意義をおびている。また、田遊びが中世芸能といわれているように、その来歴は古く、各芸能とも江戸期に成立した次第本の内容をいまに踏襲しているが、それには遠く中世の遺伝が宿っている。

第二には風流化したもので、舞人たちが花幌を頭上にかかげて躍動的かつ華やかに舞踊するもの。大井川町藤守の田遊びが典型で、もう一つの特徴は呪師芸・田楽芸など多種の芸能で構成されている。

ちなみに、さらに風流化が進んだ田植え踊りが東北地方各地に伝えられている。

第三には狂言風の滑稽な動作を演ずる劇的色彩の濃いもの。三島市の三嶋大社の「お田

周智郡森町・小国神社の田遊び。御田に見立てた太鼓に手をついて詞章を唱える

志太郡大井川町・藤守の田遊び

三島市・三嶋大社のお田打　早乙女が飯櫃(めしびつ)を担(かた)げて登場する

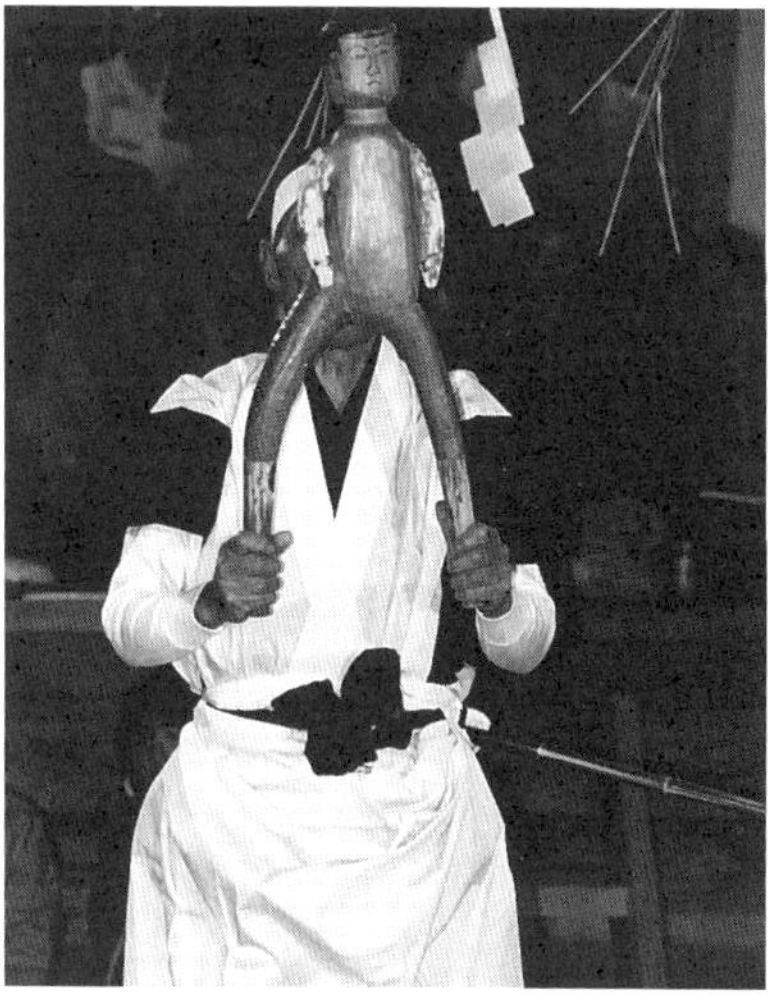

藤枝市滝沢・八坂神社の田遊び　早乙女が産み落とした稲魂（タロッコ）を田主が負ぶおうとする

打」が典型で、穂長と福太郎による問答をともなった所作により耕作過程を模擬的に演ずるが、最後に雷鳴に擬してうちならす太鼓の音に出演者全員があわてふためくさまを演じて観客の笑いを誘う。なお、これには飯櫃（めしびつ）を捧げた昼飯持（ひるまもち）の早乙女が登場する。

第四には多様な田楽系の芸能を演ずるもの。水窪町西浦の田楽が典型で、猿楽風の高足（たかあし）乗りの曲技を含む古体の地能とはね能で構成されているのが特徴である。

以上静岡県下の田遊びにかかわる芸能を芸態の特徴を目安として四つのタイプを示したが、いずれのタイプの芸能も他のタイプの要素を兼有している。たとえば数段にわたる長い詞章は小国神社の田遊びばかりでなく、そのほかのタイプの芸能も備えていて、その間にかなりの類似ないし共通性がみとめられる。

孕早乙女（はらみそうとめ）とよぶ腹の大きな乙女の登場もその一つで、藤守の田遊び、藤枝市滝沢の田遊びが類似している。後者にいたっては、子どもに見立てた人形を産み落とす所作まで演ずる。たとえそのような演出はなくても多くの芸能は産子（うぶこ）らしい人形を登場させている。生殖にかかわる模擬的な行為は作物の繁殖（はんしょく）と稲の穂孕（ほばら）みを象徴し、感染呪術として機能し、豊穣を保証してくれる意味をもつと信じられた。

田遊びの芸能の意義は稲作農耕を言祝（ことほ）ぐ遊びにある。国文学者・折口信夫は、田遊びの

「遊ぶ」は元来鎮魂（ちんこん）のための舞踊であるところから、田遊びは田の精霊を鎮（しず）めて田の物成（ものな）りを万全（ばんぜん）ならしめんがための呪術的意図に導かれた儀礼であると説いている（『折口信夫全集』第三巻、昭和四十一年刊）。この儀礼が象徴的な所作であろうと風流であろうとも農耕の予祝儀礼であって、豊穣が成就しますようにという祈りの趣向である。

三　ひよどり歌

「ひよどり」または「ひよんどり」と称する踊りが大井川と天竜川の両流域から愛知県との境にかけて伝承されている。引佐町川名のひよんどりは「おこない」などと同類の田遊びをともなう儀礼で、水口打ちから稲付き馬まで一二演目の田遊び芸を備えている。

このように田遊び系の儀礼を有するものがある一方には、それをともなわないものがあって、松明を振りかざすなり焚火を囲むなりして足を踏みならし、踊り歌をうたいながら群舞する。それらの半数は近代に入ってから姿を消したが中川根町久野脇（くのわき）の佐沢薬師のひよどりは今にその伝統を伝えている。堂前の庭の焚火を囲んで輪となり男女が肩に手をまわし、踊り歌をうたい、「ヒョンコヒョンコ」と掛け声を入れつつ足踏みしながら踊る。

(本) 心よく持て峰の松　心わるいと風に逢（あ）う
(末) 心わるくはござらぬが　立場わるくて風に逢う
(本) 子持ち姿で子のなきは　鳥の巣殺しなされたか
(末) 鳥の巣殺しゃわしゃせぬが　殿さしたかもわしゃ知らぬ
(本) 東山から西山へ　青い女人の影（かげ）がさす
(末) 青い女人の影ではなくて　青い羽織を着た殿御
(本) すいも甘いも身に持つ故に　色づきゃ裸になる蜜柑（みかん）
(末) しのぶあなたの手拭取って　月にさせたい頬被（ほおかむ）り
(本) 地名（じな）の甚太が来るそうで　川の瀬がなる音がする
(末) 佐沢薬師はつま薬師　つまと定めりゃきんみょうだ

「佐沢薬師はつま薬師」とあるように、男女が意志をかよわす場でもあった。かつては親に結婚したい旨を告げると「ひよんどりで約束したか」とたずねられたものであったという。

ところで地名は近隣にある集落で、ここの阿弥陀堂にもひよどりが伝えられている。

江戸時代に地誌編纂等に従事した中村高平・新庄道雄はひよどりについて次のような記述

をおこなっている。

此堂（注　現静岡市中野の観音堂）へ毎年正月六日、里の男女群集し氷取踊として歌舞をなす、辺鄙の俗古へを失はず、質朴にて、踏歌の余波を伝ふるならん。

（『駿河志料』中村高平・文久元年）

古老伝ていふ、昔年毎年毎正月十六日に此所（注　現静岡市丸子の小野寺薬師）に遠近の男女会集して歌舞をなす、ひよどりおどりと云、男女打交りて踊りをなし夫婦のかたらひをなすことあり。（『駿河国新風土記』新庄道雄・天保五年）

これらの記述は、男女あい会して歌謡を唱和して舞踏するさまが歌垣の遺風をしのばせるものがある。歌垣は神と精霊との掛け合いで精霊を屈服させるという神事的な行事であったが、神と巫女とに扮した男女の唱和という段階を経て、古代には筑波嶺の嬥歌にみられるような春秋に男女が高みや水辺あるいは市などに集まって、飲食や歌舞をおこない、歌を掛け合って求愛または求婚する行事となっていた。一方宮廷においては唐土渡来の踏歌の影響のもとに踏歌の節会がおこなわれるようになった。農業社会の春秋の重要な行事は農耕儀礼に

あり、とりわけ新春の予祝儀礼が重視された。歌垣の本来の意義はこの農耕儀礼にあったが、
それが薄れて未婚男女の配偶者選びや解放的な交媾の機会と解されるようになっていった。

四　盆踊り歌

盆踊りは盂蘭盆の陰暦七月（現行では太陽暦七月または八月）十三日から十六日にかけて、
祖霊・精霊を迎えて供養し、かつ慰めるために歌謡に合わせておどる踊りで、静岡県下各
地で催されているが、地域により芸態は多様である。特色あるものには遠州各地念仏踊り、
中川根町徳山のヒーヤイ、静岡市有東木・平野の盆踊り、南伊豆町妻良の盆踊りなどがある。

遠州には南遠の大念仏と北遠の念仏踊り（通称盆踊り）とがある。大念仏は元亀三年（一
五七二）三方ヶ原の合戦で戦死した武田・徳川両軍の霊を鎮めるために徳川家康が僧貞誉に
命じて犀ヶ崖において大念仏を実修せしめたことが起因であると伝えている。後に宗円が普
及教化につとめ、最盛期には二八〇あまりの村が修するようになったという。昭和五年には
村々の組頭たちが宗円堂に集会して遠州大念仏団を結成、大念仏の組織が整えられた。各組
とも若い衆を中心とする三〇人ほどで構成された集団で行列を組み、新仏のある家を訪れ、
外庭において双盤と太鼓を打ちならしながら、音誦人がうたう歌枕に合せて踊り、回向する。

浜松市滝沢の「放歌踊り」（注　当地では「放歌」と表記）は、大念仏によって新仏の回向をおこなった後、趣向を変えて放歌踊りをする。それは中世の田楽法師の流れを汲むとも、禅家の出自（しゅつじ）ともいわれる放下僧による放下芸の系統を引く風流踊りで、片面に「神」「佛」と書いた大団扇一対を採物（とりもの）として踊る。踊り歌には「浮き舟踊り」「藤しろ踊り」の二種があって、「さておもしろや」で始まる歌が特徴とされ、「藤しろ踊り」の歌はそれを備えている。

（音唱）そうでござれそのままござれ
（側の念仏衆）そうでござれそのままござれ　団扇踊りを見せましょう
（音）さておもしろや藤しろ峠
（側）さておもしろや藤しろ峠　後の山には杉のむらだち　前の小川にそり橋

かつては南遠の西部から三河の新城市周辺にかけて放下念仏踊りの分布をみていたが、現在は残り少なになっている。

北遠の水窪町では集落ごとに念仏踊り系の盆踊りを実修している。西浦地区の盆踊りは上

磐田郡水窪町・西浦の念仏踊り

組・中組・下組の三組にわかれ、それぞれの地区の堂庭などを踊り場とし、八月十四日に新盆踊り、十六日に送り盆（精霊送り）をする。新盆踊りは初踊り・中踊り・後踊りの三段で構成され、さらに初踊りと中踊りはそれぞれ、念仏和讃と踊り和讃の二段構造をなしていて、念仏和讃には五方念仏・六字念仏と性別、年齢別、夫・妻・親・子の家族別の和讃、踊り和讃には館褒め・嫁褒め・酒褒めなどの和讃を唱和しながら踊る。

初踊り・中踊り・後踊りの間に休憩を取る。その間に新仏のある家の者が携えてきた酒肴や茶菓をもって接待し、一同を労（ねぎら）う。そうしているうちに誰ともなくセショー・ノーサ・十六・木曽節・御嶽・ヨイソレなどの手踊りを始め、次第に人々が踊りに加わっていく。それぞれの手踊りと歌の

磐田郡水窪町・西浦の手踊り

手踊り歌（セショー）

採録：石川純一郎　　採譜：山崎　正嗣

おどり　おどるなら　ーしなーー　ーーー　よく
おどーれ　しなの　よいこを　ーセショーー
ーーー　よめ　に　とーー　る　おひ　ーーー
とーーし　なーの　しなの　よいこを
ーセショーー　ーーー　よめ　に　とーー　る

テンポには微妙な違いがある。歌詞は二三〇節あまりあり、音頭出しといわれる者がこれを記録保存している。そのなかから数節を掲げよう。音頭出しがリードすると側の人々がこれを下句の語順を反転させてうたい返すという形で、手踊りが展開する。

（音頭）踊らまいかよ踊らせまいか　村の小庄屋のセショー広庭で
（返し）小庄屋の村の　村の小庄屋のセショー広庭で
踊り踊るならしなよく踊れ　しなのよい娘(こ)を嫁に取る
踊り慣れたか手しなのよさよ　さぞや二親嬉しかろ
踊らまいかよ今宵が限り　明日はお山で草刈りだ
夜明け烏の鳴くのがつらい　かわい主さんの目を覚ます

さまざまな手踊りと踊り歌は念仏踊りとともに南信濃にも伝承されている。

安倍川流域の静岡市有東木と平野の集落には風流化した同様の盆踊りが伝承されている。男踊りと女踊りにわかれていて、男踊りは一〇種、女踊りは一三種の演目を有している。男女ともに浴衣がけで、採物は扇子・コキリコ・ササラ・長刀(なぎなた)、伴奏は締太鼓のみ。踊りは前後二段で構成され、前段は男踊り四種・女踊り六種・男踊り四種で休憩となり、その間に手踊りや余興をする。後段は女踊り七種・男踊り二種を踊って送り出しとなる。女踊りの輪の真ん中に「ハリガサ（張り笠）」とよばれる五層の天守閣を象った灯籠を頭上にいただいた男性の中踊りが入って、これを頭上で振りまわして鎮魂（たまふり）の術（わざ）をする。踊り歌の音頭をとるのは師匠とも歌出しともよばれる歌の家がらの者や歌の巧者と認められた者である。歌詞は七・七・七・…五の句からなっている。

お富士参り（男踊り歌）

お富士参りのお若衆達が　お富士ふじえ（へ）と
登らっしゃる

静岡市有東木の盆踊り（女踊り）・中踊りが天守閣を象った燈籠を頭上に掲げて振り回す

なかの文句とお山がよくば　一目見るものぐんない（郡内）を
お山に登りてぐんない見れば　さらしかけたよあさぬ（麻布）のを
　三びょう（拍子）踊り（女踊り歌）
とろりとろりとこぎ（漕）行く舟は　晩にゃあどなたのおとまり（泊）よ
浅草しゅく（宿）かむさし（武蔵）の国よ　むさしお江戸の舟長者
花のお江戸がからりとならば　たぐみよしょもの諸共に
末を申せばまだ長けれど　お舟の踊りはこれまでよ

最後の長刀踊りがすむやいなや、中踊りを先頭とする一行が踊り場を出て、村外れの辻へといき、そこで灯籠と採物の房を燃やし、後を振り返らずに帰る。盆踊りは先亡の霊を迎えて慰める目的で催される踊りで、精霊の依代（よりしろ）ともいえる灯籠の明かりのもとで踊りを楽しんだ後に精霊を再びあの世へと送り返す霊送（たまおく）りの儀礼でもある。

第五章　子守り歌

子守り歌は幼子の守りをする際にうたわれるもので、子どもを遊ばせる歌と、子どもをあやして眠りにつかせる寝かせ歌、そして守り子がわが身の境涯をうたった歌などがある。

幼い子どもの守りをするのは女性で、母親や祖母というような身内（みうち）の者と他家の少女とがあり、それらの身分によってうたわれる子守り歌にもおのずから違いがある。他家の少女にも、地域の慣習として守り子に頼まれ、子どもと生涯にわたってお互いが親しい交（まじ）わりをする守り親と、一方には大地主の家に賦役（ふえき）として奉仕するなり、家が貧しいために他家に雇われるなどの事情によって奉公する守り子とがあって、こうした守り子たちによってうたわれたのがわが身の上を歌に託してうたった歌である。なお、守り子の年齢は八歳から十三歳ぐらいまでで、それから後は家事やなんらかの仕事を身につけて働き手となる。

一　遊ばせ歌

子どもを遊ばせるためにうたう歌で、守り子が聞き知っているわらべ歌の類が多く、「お月さんいくつ」などは代表的なわらべ歌であるが、子守り歌としても静岡県内はもちろん、全国的に知られていた。

お月さんいくつ　十三七つ　まだ年ゃ若いな
ねねさん産んで　子守りをつけて　油買いにやったらば
油屋の前で　氷が張ってすべって転んで　油一升こぼした
その油どうした　白どんの犬と黒どんの犬と　みんななめ申した
その犬はどうした　皮剥（は）ぎ申した
その皮どうした　太鼓に張り申した
その犬はどうした　火にくべ申した
その灰はどうした　麦にかけ申した
その麦はどうした　猪（しし）が食いもうした
その猪はどうした　奥の山へつっとんだ（『県民謡』）

この歌謡は「どうした」と尻取り歌のように畳みかけていくところに興味があったらしく、毬つき歌や月に向ってうたいかける口遊び歌としても広くうたわれた。

ねんねんころりよおころりよ　坊やはよい子だねんねしな
　坊やの子守りはどこへ行った　あの山越えて里へ行った
　里の土産(みやげ)になにもろた　でんでん太鼓に笙の笛
ねんねんころりよおころりよ　寝入らにゃ鼠(ねずみ)に引かせるぞ
　泣くと長持ち背負(しょ)わせるぞ　すねると擂鉢(すりばち)背負わせるぞ（『県民謡』）

前節の歌も全国的に知られている「江戸子守り歌」で、子どもの母親も守り子も共通に眠らせ歌としてもうたえる歌であるが、後節に移ると守り子がなかなか眠らない子どもを脅(おど)す歌となっていて、この種のものが以外に多い。

二　寝かせ歌

子守り歌本来の意義は、幼子に限りない愛情を注ぎ、健やかな成長を願ってうたうところにあろう。そういう親の心情があらわれている歌が、沼津市はじめ近辺の地域でうたわれてきた。

坊やはよい子だねんねしな　この子のかわいさ限りなさ
天に昇れば星の数　七里ヶ浜では砂の数　山では木の数茅（かや）の数
沼津へ下れば千本松　千本松原小松原　松葉の数よりまだかわいい
ねんねんころりよおころりよ（『県民謡』）

子守り（浜岡町・西島昌和氏提供）

駿河湾奥の富士川河口から狩野川河口にかけての海岸線に沿って千本松原が展開し、三保の松原・清見潟・田子の浦とともに古くから東海道の名勝とされ、彼方にそびえる富士山の眺めも素晴しい。沼津市にある名高い寺の開祖・増誉上人が黒松を植えたのが始まりという。星の数・砂の数・茅の数にたとえているところに子どもに対する親の無限の愛情が感じられる。

次の子守り歌には子ども誕生を喜ぶ心情があふれている。

ねんねんおころり　ねんねしな
かわいいこの子のねんねのあとで　糯米（もちごめ）・粳（うるち）で一石三升（いちこくさんじょう）
それを蒸（ふか）して御強（おこわ）に炊いて　近所に配りてお子さまよんで
かわいいこの子に箸（はし）持たせ（伊豆長岡町・加藤玉枝さん・大正五年生）

子どもの「食い初め」の儀礼をうたっているかとも思われるが、生後七日目の「お七夜」におこなう内祝いにあわせて、「子どもの仲間入り」と称して近所の子ども衆をよんでご馳走する、かつてのならわしをうたった名残りをとどめる歌であろう。近所の子ども仲間に庇護（ひご）してもらいたいという気持ちがこもっている。

三　守り子の述懐の歌

子どもの守りは、忙しく立ち働かなければならない母親に代わって、子守り奉公の守り子に任（まか）された。一〇歳前後の遊び盛りの少女が他家に住みこんで子守りをすることはたいへん

子守り歌

採録：鈴木　暹　　採譜：山崎　正嗣

ねんねん　おころり　ねんねしな
かわいいー　このこの　ねんねのあーとで
もちごめ　うるちで　いちこくさんじょう
それをー　ふかして　おこわにたーいて
きんじょ　くばりて　おこさまよんで
かわいいー　このこに　はしもーたせ

辛いことであった。貧しい農家の育ち故にさげすまれ、ぞんざいに扱われた。そうした薄幸な境涯を嘆き、主家の心ない仕打ちに反感をつのらせ、ききわけがない子どもに苦しめられる心情や富裕など身分の者にたいする羨望が吐き出されている。このような守り子のうめきがもらされている歌として「五木の子守り歌」がよく引きに出されるが、「おどんま盆ぎり盆ぎり盆から先ゃおらんと　盆が早よくりゃ早よ戻る」と同様の歌が全国あまねくうたわれている。

もんり(守り)というもな辛(つら)いもの　朝から晩まで門(かど)に立ち
お母(か)さにゃ叱(しか)られ子にゃ泣かれ　お父さにゃ横目でにらめられ
早く正月来ればよい　風呂敷包みに下駄下げて　長々お世話になりました
（『周智郡誌』『引佐郡誌』）

お泣きなきんづら盆まで泣けばよう　盆の十三日にゃよう守り帰るよう
守りと名がつきゃこうこ(香々)に茶漬けよう　腐れ魚もようくれゃしないよう（『県民謡』）

子守りは盆・暮れを期限とする半季奉公であった。年端(とし は)も行かぬ守り子がせつない奉公生活をまっとうして温かい親元に帰れる日の早かれと待望するせつない気持ちが述べられている。

第六章　わらべ歌

一　遊戯歌

　わらべ歌には子どもの多様な遊びのなかから生み出されたものや、既成曲から子どもの遊びに取り入れられたものなどがある。いずれも地域の子ども組による遊びのなかでうたい継がれた歌である。小学生ぐらいの年齢集団を主体とし、小学校にあがる前の幼児をみそっかす（一人前に扱われない子ども）として従えた子ども組は正月行事の成り木責め、ドンドヤキ（塞の神）や鳥追い行事、田の神送りなどの年中行事の担い手でもあり、それらに付随する歌や唱え言の伝承体でもあった。既成曲には祝福芸を生業（なりわい）とした祝言職のうたい物や語り物と明治以降に詩人や作曲家によって作られた唱歌、徳冨蘆花（とくとみろか）の小説「不如帰（ほととぎす）」の主題歌の「川島武男と浪子」、また、武田信玄と上杉謙信の合戦に題をとった「川中島の戦い」などがある。

（一） 手毬歌・毬つき歌

わらべ歌のなかでもっとも数が多いのは手毬歌・毬つき歌で長編のものが多く、浄瑠璃「傾城阿波の鳴門」の順礼歌まで、十二、三歳の女子が記憶していた。男子はあまり歌をともなわない辻遊びなどの外遊びを好むためにうたう機会が少ないのにたいし、女子は内遊びや軒遊びなど手業(てわざ)を要する遊びが多く、それにはリズムをとってできるだけ長く続けるために長編で、しかも物語り性のある歌や数え歌の類を好んでうたった。

大黒様という人は　一に俵を踏(ふん)まえて　二でにっこり笑って
三に盃(さかずき)手に持って　四つ世の中よいように　五ついつもの如くに
六つ無病息災に　七つ何事もないように　八つ屋敷を広めて
九つ小倉をぶっ建って　十でとっくり治まった
（浜岡町・鴨川トシエさん・昭和七年生）

あんた方何処さ、肥後(ひご)さ　肥後何処さ、熊本さ
熊本何処さ、船場さ　船場山には狸(たぬき)がおってさ

それを猟師が鉄砲で撃ってさ　煮てさ　焼いてさ　食ってさ
それを木の葉でちょいと隠せ（磐田市池田・村田幸子さん・大正十年生）

「あんた方何処さ」の歌謡では最後に衣服の裾に毬を隠す所作をするのがならわしとなっている。毬つき遊びの際は一曲をうたいきるまで、つき外しがなければ最後に「それでいっかん貸しました」という文句をうたい添える。

一に水仙　二に杜若　三に下がり藤　四に獅子牡丹　五つい山の千本桜
六つ紫　七つ南天　八つ山吹　九つ小桜　十で殿様葵の御紋で
酒屋の盃一杯吸いましょ　二杯吸いましょ　三杯吸いましょ　四杯吸いましょ
五杯吸いましょ　六杯吸いましょ　七杯吸いましょ　八杯吸いましょ
九杯吸いましょ　十杯目のお酒に酔いました
今夜の嫁入りお紅をさしておはぐろ（歯黒）つけて　白粉つけて
前髪出して　おたぼ（髱）を出して　おびん（鬢）をつけて
おかつかつかつ　勝山なでて　ごろんじょの襟で

手毬歌（大黒様という人は）

採録：石川純一郎　　採譜：山崎　正嗣

だい こ くー さま と い うひ とは い ち にた わら を
ふ んま えて に で に っこ り わ ら って
さ ん にさ かず き て にも ーって よ に よ のな か
よ いよ うに い つつ ーい つも の ごーと くに
む ーっ つむ びょ う そ くさ いで な な つな にご と
ない よ うに や ーっ つや しき を ひ ろ めて
こ このつこぐらを ぼ たって と う でとっくり おさまった

　ごろんじょの帯で
ごろんじょと結んで
まずまずいっかん貸せ
ました
（天竜市、浜北市、春
野町『県民謡』）

　この手毬歌は、三節の歌を繋ぎ合わせて一曲としたもので、わらべ歌にはこのような形式のものが多い。数節をうたい継いで一曲として長編の歌謡に仕立て、手毬を長くつくのに合せたもの。ここから歌詞が前後

手毬歌（あんたがたどこさ）

採録：石川純一郎　　採譜：山崎　正嗣

あんたがたどこさ　ひごさ　ひごどこさ
くまもとさ　くまもとどこさ　せんばさ
せんばやまにはたぬきがおってさ
それをりょうしがてっぽうでうってさ
にてさ　やいてさ　くってさ　それをこのはで
ちょいとかくせ　それでいっかんかしました

する錯簡や意義不明の語が生じる。口から耳への口頭伝承には起こりがちな現象である。

　二節と三節には手毬をつく間合（まあい）に所作を入れただろう。そうした所作を入れながらの遊びに、お手玉（オジャミ）がある。

（二）お手玉歌

　お手玉は一種の曲芸で、間合に所作を入れながら手玉を操る。また、テンポが早いので、手毬歌のような歌謡は少なく、数をかぞえたり、演技をリードする歌詞が多い。

おみんなおさらい　おひとつ、おひとつおろしておさらい
お左、お左、だりだり　お手ぶし、お手ぶし　ぶして、おさらい
お手しゃみ、お手しゃみ、おさらい　お手のせ、お手のせ、おさらい
やーちいおろして、おさらい　中よせ、つまよせ、さらりとお手つき、おさらい
お袖、お袖くぐって、おさらい
小さい橋くぐれ、小さい橋くぐれ　くぐっておさらい
大きい橋くぐれ、大きい橋くぐれ　くぐっておさらい（松崎町、賀茂村『県民謡』）

右と同様の歌謡は、静岡市と浜北市からも採録されている。

（三）手合わせ歌

手合わせは遊戯の一種で、「せっせっせ」で遊びの体勢を調え、二人ずつ向き合い、歌詞に合った所作をし、「タイノコタイノコ」で一方が右・左、他方が左・右と手の平を打ち合わせる遊びである。

セッセッセ　パラリトセ
一つ雛が豆食っちゃ　タイノコタイノコ
二つ船には船頭さんが　タイノコタイノコ
三つ店には番頭さんが　タイノコタイノコ
四つ横浜異人さんが　タイノコタイノコ
五つ医者様がお薬塗っちゃ　タイノコタイノコ
六つ昔は丁髷結っちゃ　タイノコタイノコ
七つ泣き虫にゃ蜂刺いちゃ　タイノコタイノコ
八つ山にはこんこんさんが　タイノコタイノコ
九つ乞食はお椀持っちゃ　タイノコタイノコ
十で殿様お馬に乗っちゃ　タイノコタイノコ
（浜岡町・吉野つや子さん・昭和二年生、渥美たつさん・昭和五年生）

（四）　指遊び歌

指を使っての遊びには、指合わせと鬼決めとがある。指遊びは両手の平(ひら)を向き合わせにして親指・人差し指・中指・紅差指（薬指）・小指を歌に合わせてつきあわせる遊びである。

子どもと子どもが喧嘩(けんか)して（小指を合わせる）
親さん出ておいで　人さん出ておいで（親指・人差指を合わせる）
なかなか済まない　この喧嘩（中指を合わせる）
紅屋がかかって　やっと済んだ（紅差指を合わせる）

（由比町・望月ヒロさん・大正十年生、大場幸枝さん・大正十一年生、福島富貴子さん・大正十二年生）

子ども仲間で遊びをする際には、鬼の役なり順番なりを決める。ジャンケンする方法もあるが、「ずいずいずっ転ばし」同様に、遊びに参加する者たちが拳(こぶし)を握って前に出し、その中の一人が次の歌をうたいながら次々に指差してゆき、歌の終わりに差された者が鬼となる方法である。

（五）オニ決め歌

隠れん坊の呪いは　蝶ちょにこまっちょに桜の花
どんどん燃えれば　あかちかぽん
（浜岡町・吉野つや子さん、渥美たつさん、鴨川トシエさん）

鬼決めの方法はさまざまあって、それぞれ自分の履いている草履を片方ずつ脱いで地面に並べると、中心となる者が、次の文句を唱えながら順に指差し、最後に指差された草履の履き手が鬼になる。さらに、その鬼が目を閉じている間に、その他の者たちが片方の草履を辺りに隠して鬼に捜させる遊びもある。

草履きんじょきんじょ　おてんまてんま
橋の下の菖蒲は　咲いたか咲かぬか　まだ咲き揃わん

みょうみょうくるまに手に取ってみたれば
しどろくまだろく　じょうさぶろく　いちやく
（南伊豆町・平山ラクさん・明治二十九年生）

二　歳時歌・口遊び歌

（一）　正月歌

子どもは好奇心旺盛で天地自然・動植物のなにものにも興味を示し、うたったり、よびかけたりする。彼らにとってもっとも待ち遠しいものに正月様の来訪があった。その正月様は家人が山から松や譲葉（ゆずりは）を迎えて来る姿に重ねて、山の彼方からやって来るものとイメージした。常日頃の粗衣粗食に代わり、新調の着物と履物を身につけ、うまい食べ物を口にして、楽しくすごすことができる正月は年中で一番の楽しみであった。

正月が来たっちょ　蒲原山から来たっちょ

何に乗って来たっちょ　譲葉に乗ってゆずりゆずり来たちょ
（由比町・原志津枝さん・大正十一年生、原藤蔵さん・昭和十一年生）

正月はええもんだ　木端（こっぱ）のような餅食って
雪のような飯（めし）食って　油のような酒飲んで
正月はええもんだ（南伊豆町・平山ラクさん）

正月は子どもが参加する行事が多く、七草の鳥追い、小正月の成り木責めやどんど焼きなど、農耕儀礼の一端を担う。

（二）口遊び歌

子どもにとっては身近（みぢか）に住んでいる動物も遊びの対象で、口遊びに唱え言をして遊んだり、小動物を捕まえたりする。

カラスカラス　勘三郎　うぬ（お前）が家焼けるぞ
早く水汲んで来いしょ（南伊豆町）

カラスカラス勘三郎　親の恩を忘れるな（浜岡町）

夕焼け空を背景に、カラスがカアカアと鳴きながら塒に帰るのを、子ども衆が名残り惜しそうに見上げ、時の経つのを忘れて大声ではやし立てる。

ホ　ホ　ホータル来い　田の虫来い
あっちの水はまんずいぞ　こっちの水はあんまいぞ
ホ　ホ　ホータル来い　行灯の光をちょいと見て来い（浜岡町・豊岡村）

団扇やササを振りまわしてホタルを捕まえ、ガラス瓶に入れて蚊帳の外や中において床につき、幻想的な気分をあじわったりした。

オンジョおあぶら　おめとくに　とっつきして　かしょなかしょな（浜岡町）

「オンジョ」はアオヤンマのこと。空が朱に染まった時分に、長い髪の毛に黄色く色づいたツルウメモドキの実を結びつけて振りまわすと、トンボが追いかけ、しまいに目をまわして落ちる。これを鳥籠に入れて飼っては楽しんだ。

静岡県の風土と民俗歌謡

民俗歌謡は本来労働歌であり、労作と生産儀礼との緊密な結びつきのもとに生れたものである。その発生や伝播の問題はさておき、伝承の背景をなしている風土と、民俗歌謡の特色となりに注目してみよう。

戦時下の昭和十八年における工場建設のための敷地造成に端を発した登呂遺跡の出現は晴天の霹靂(へきれき)であった。住居址や水田の遺構は人々の耳目を驚かしめた。特に潅漑用水路の遺構は水田稲作農耕の栽培技術がかなり高い段階にあったことを示し、弥生文化に対する認識を改めさせるのに充分であった。当遺跡は安倍川古流域の自然堤防に位置している。戦後にことほぼ同様の遺構が狩野川古流域の後背湿地でも発見された。山木遺跡である。そこからは水田の畦畔址や高床倉庫にかかわる柱・梯子・鼠返しなどの完成品や数多くの土器・木器の出土をみた。

伊豆田方地方は式内社の名称を延喜式にとどめる程度で、長く歴史の水面下にあったが、源頼朝の流謫によってにわかに表面に躍りでることとなった。当時この地方には箱根権現はじめ伊豆山権現・三島明神の神社勢力や山木に館をおいた伊豆目代・山木兼隆はじめ土着の北条時政、伊東祐親らの強力な勢力が存在していた。それらの勢力を支えていたのは田方平野の水田稲作農耕であったに違いない。「田方」の名称にあらわれているように、この平野は穀倉地帯であり続けた。そうした風土を背景に当地域には古風な田植え歌と麦つき歌が伝承されている。水田稲作農耕においては田植えがもっとも重視されている。その田植えの場面において朝の作業開始から晩の仕舞いまで、朝歌・昼歌・夕歌・田の神送り歌がうたわれ、田植えが労作であるとともに田の祭りの儀礼でもあることが演出されている。

黄瀬川上流域の御殿場・裾野の両市域にも整った田植え歌が伝承されている。この地方は田方平野や相模の小田原・厚木地方、甲斐の郡内地方などと較べて田植え時期に半月前後の差がある。この期間を利用して高冷地から大勢の人々が農稼ぎに出た。この場合の早乙女衆は未婚・既婚男女の混成団で、年長者の早乙女頭の引率で、長年所縁のある村々へ出掛け、各地の民家などを宿としながら、田植えに従事した。早乙女頭は、歌の上手が作業の能率をあげるとして農家から歓迎されるところがあったので、おのずと田植え歌のレパートリーを増やしていった。北駿の田植え歌は足柄地方のそれと同類で、鎌倉節や十七節を中心とし、しかも詞型が五七五七五と整い、近世調の歌詞となっている。これに比較して田方地方のものは歌詞が不定形で、儀礼的要素をやどしている点で古風さをとどめている。

田方地方における麦つきはおもに女子の労働であった。その作業でうたわれた歌はほぼ五七、七五の詞型を基調としながらも変化に富んでいる。当地方は農耕儀礼も豊かで民俗歌謡はじめ農耕儀礼を比較的後世まで温存してきた。

伊豆半島の先端部には漁撈や海苔(のり)掻きにともなう海歌が伝承されている。また、下田港は風待ち港であったところから船子の感懐をうたった下田節が伝承されている。黒潮寄せる石廊崎沖は海の難所である。航海にとって風向は最大の関心事である。ナライ、ニシ、ダシなどの風位を指す民俗語彙(ごい)をうたい込んでいるのも特色である。

相模湾西岸の小田原市石橋から伊豆東海岸の東伊豆町北川にかけて鹿島踊りが伝承され、氏神祭礼において奉納されている。この神事芸能は常陸の鹿島神宮から起こったもので、鹿島信仰とともに伝播された。おそらく鹿島の弥勒信仰が盛行した戦国時代に沿岸を伝って伝承されたのであろう。

千早振る神々のいさむなれば弥勒踊目出度し
目出度いな鹿島の浦にて弥勒船が着いたと
　船尾(とも)には恵比須弁財天　ソリャ鹿島大明神（伊東市湯川）

鹿島信仰は弥勒信仰を随伴するものであり、遠い海の彼方から福徳賦与の神・恵比須弁財天が弥勒船に乗って訪れるという信仰がうたわれている。

伊豆の鹿島踊り歌は田方平野の麦つき歌と同じ歌詞を共有している。麦つき歌はひとり鹿島踊り歌ばかりでなく、いや鹿島踊り歌さえも各地に伝承の労作歌や風流歌との多様な交渉のうえに形成されたものである。民俗歌謡はさまざまな要素の結合体であり、その様相はバリエーションに富んでいる。

茶の製造には葉茶摘みと茶揉みの工程がある。葉茶を摘むのはおもに婦女子で、紺絣の着物に赤襷をかけ、頭に菅笠をいただいた娘たちが茶摘み歌をうたいながら新緑の茶畑においてその葉を摘む光景はまことに牧歌的である。茶揉みは青壮年男子および茶師とよばれる職人の職分である。生葉を蒸してから焙炉にかけて揉み、さらに縒りをかける。この過程で茶揉み歌、一名茶節がうたわれる。駿河・遠江とも歌詞はほぼ共通しているが、節回しに微妙な違いがあるところから、駿河節・遠州節の別がある。

富士川・安倍川・大井川・天竜川はいずれ劣らぬ荒れ川で氾濫の連続であった。江戸期に入ると流域への新田開発が進められ、これには水を治めるべく築堤工事が進められた。築堤の先進地は甲斐で、中世領主・武田信玄が釜無川に堤防を築いたことに始まる。積み上げた石の上に粘土を盛って櫂状(かいじょう)の杵でもってつき固める作業にともなって歌がうたわれた。この粘土つき歌が甲斐から富士川を伝ってうたい継がれ、安倍川流域に伝播したといわれ、安倍川粘土つき歌に、本歌にある「お高」の名がある。

粘土お高やんの歌声聞けば　重いビール（粘土運搬具）も軽くなる（甲斐粘土節）

土手でウグイス鳴くかと聞けば　粘土お高やんの歌の声よ（安倍川粘土つき歌）

お高やんは土工たちの憧れの的となっていた美声の女傑で、築堤工事の際に粘土つき歌をうたって作業の能率をあげしめたといわれている。

東海道には箱根峠、小夜の中山の難所があった。それにも増して越え難いのは大井川であった。元禄九年（一六九六）に嶋田代官・野田秀成が大井川の両岸―嶋田宿と金谷宿に川庄屋を任命し、川会所を設けて川越の取り締りにあたらせた。それ以前には自分越という方法もあったが、通行者の川越には常に危険がともなうため、肩車や蓮台越の方法が採られ、川越人夫が運搬にあたった。このため増水となるとたちまち川留めとなり宿場への滞在を余儀なくされた。水深二尺五寸（約七五センチ）をもって常水とし、増水一尺五寸で馬越留、二尺で歩行越留となり、その上は御状箱のみは通したが、それも二尺五寸の増水をもって川留めとなった。

箱根八里は馬でも越すが　越すに越されぬ大井川

この歌謡は大井川蓮台越歌、同雲助歌と箱根馬子歌にもあって、道中歌として広くうたわれた。

宿場での遊興の席では伊勢音頭やサノサ節などがうたわれたらしい。幕末から明治にかけて、三島では農兵節が盛んにうたわれた。この歌謡は横浜野毛山でおこなわれた軍事調練にともなう「野毛の山からノーエ」の替え歌といわれている。伊豆韮山の代官・江川太郎左衛門が幕府の許可を得て実施した洋式農兵調練の際の即興行進曲であったところから農兵節の名称がある。後に全国的な流行をみるにいたり、騒ぎ歌として若い人々の宴席でもてはやされた。

山や川での労作にともなう歌謡には、畑作農耕地帯の春歌・秋歌（秋節）や猪追い歌、そして木挽（こびき）や筏師といった職人たちが伝承する木挽歌、筏歌がある。

静岡市平野（ひらの）の春歌は大豆の種播きの際にうたわれるものである。

　左と右は米の倉　中にゃ黄金のおまつ鳥
　やらやめでたや野も山も　松が栄えて米が降る（『日本民謡大観　中部篇』）

雑穀栽培を主とした当地において米がうたわれているところに、人々のそれへの執着の深さがにじみでている。あるいは精白した粟・稗の雑穀を米（よね）とよんだので、広く穀物一般を指しているのかも知れない。同地の秋歌は粟切り歌として収穫の際にうたわれたものである。

深山の奥でうたわせりゃ　声もよい音もよい岩の響きで
秋八月の芋の葉は　舅どの嫁ふり顔によく似たり
刺鳥（捕）差はよい男　差しあげてお宿りなされこの町へ
心がないか籠の鳥　あるけれど許しがないから出でられぬ（同前）

粟や稗は穂首から少しさがったところを鎌で切って蔓で束ねる。高い山の傾面に立つとおのずと感興をもようし、歌声が湧くのであろうか。山地の焼畑地帯には播種と収穫とにまつわる春歌・秋歌が伝承されている。

あとがき

静岡県における民俗歌謡の採録と研究に着手して三十有余年、その間に静岡県教育委員会による国庫補助事業の民謡実態調査に参画、多数の調査委員・調査員の協力のもとに「静岡県文化財調査報告書　第三十四集『静岡県の民謡』」を纏めあげた。本事業は昭和五十九・六十両年度に実施されたもので、文化庁の指針にもとづき悉皆調査により風土や地域に根ざし遺風をとどめた資料を多数採録することができた。昭和三十年代に始まった急激な経済成長は伝統的な生産手段と生活様式に大きな変革をもたらし、民俗歌謡—特にその基幹をなしている労作歌は伝承基盤と信仰的機能を失い、民俗文化としての生命までそこなわれたが、明治・大正期生まれの古老たちの民俗知識により、かろうじてその息吹を記録にとどめることができた。そうした意味で民謡実態調査は画期的かつ有意義な事業であった。

公的機関により民謡を文字化して記録する機会は近現代において二度あった。初めは大正初年の全県的な町村誌とそれに次ぐ郡役所による地誌編纂事業である。これらには冠婚葬祭・年中行事・方言などとともに俚謡が記述された。次いで昭和三十年代後半頃から平成にかけて県市町村の自治体史の編纂事業が実施され、これには通史編や資料編と並立して民俗編が部立てされ、民俗の記述がかなりの分量を占めることとなり民謡資料も相当量収録されることとなった。また、個人の採録になる民謡集も刊行されるなど資料の厖大な集積をみるにいたった。

著者も資料採録をおこなってきた一人であったが、それらの営為に併せて民俗学的な考察をおこなってきた。本書収録の資料中、末尾に採集場所名、伝承者名・生年を記してあるのは自身の採録にかかわるものである。なお、ここ数年来市町村合併が進行したのにともない、調査時の町村名が失われたが、採集場所名を当時のままとしたことを諒とされたい。

採集と同時に現地における民俗的な意義や機能についても調査し、いくつかの試論をこころみたが本書の性格と紙幅との関係上、そうした考察の多くを割愛した。詳細については巻末の文献資料を参照していただきたい。

末筆ながら、調査にご協力をいただいた伝承者の方々、伊豆の子守歌の採録資料を提供くださった鈴木暹氏、採譜をもって花を添えていただいた山崎正嗣・常葉大学教授に感謝の意を表します。

本書関係著者執筆文献等

「伊豆の民謡—稲作習俗と田唄」『口承文藝研究』第4号　昭和五十六年
「遠州一の宮小国神社の田遊祭」『日本文學史の新研究』　昭和五十九年
「千代田の民俗」『千代田誌（静岡市）』　昭和五十九年
「静岡県の民謡概説」静岡県文化財調査報告書　第34集
『民謡緊急調査報告書　静岡の民謡』　昭和六十一年
「謡はよいもの—民謡緊急調査（民謡探訪7）」『月刊　文化財』　昭和六十一年
「遠江相良町菅ヶ谷における「名」の組織と儀礼
—一幡神社古例祭・御榊神事とその祭祀—」『常葉国文』第20号　平成七年
「静岡県の民俗芸能の特色」静岡県文化財報告書　第50集
『静岡県の民俗芸能—静岡県民俗芸能緊急調査報告書』　平成九年
「総説　水窪町の盆行事と念仏踊」
静岡県記録選択調査報告書『水窪町の念仏踊』　平成九年
「総説　遠江の御船行事」静岡県文化財報告書　第51集

本書関係著者執筆文献等

『遠江の御船行事―国無形民俗文化財記録選択調査報告書』　平成十年

「総説　静岡県の祭り・行事」静岡県祭り・行事調査事業報告書『静岡県の祭り・行事』　平成十二年

「口承文芸の展開―〝若い衆座敷〟と〝お太鼓祭り〟における伊勢音頭の伝承―」『常葉国文』第27号　平成十五年

採録時の静岡県市町村図

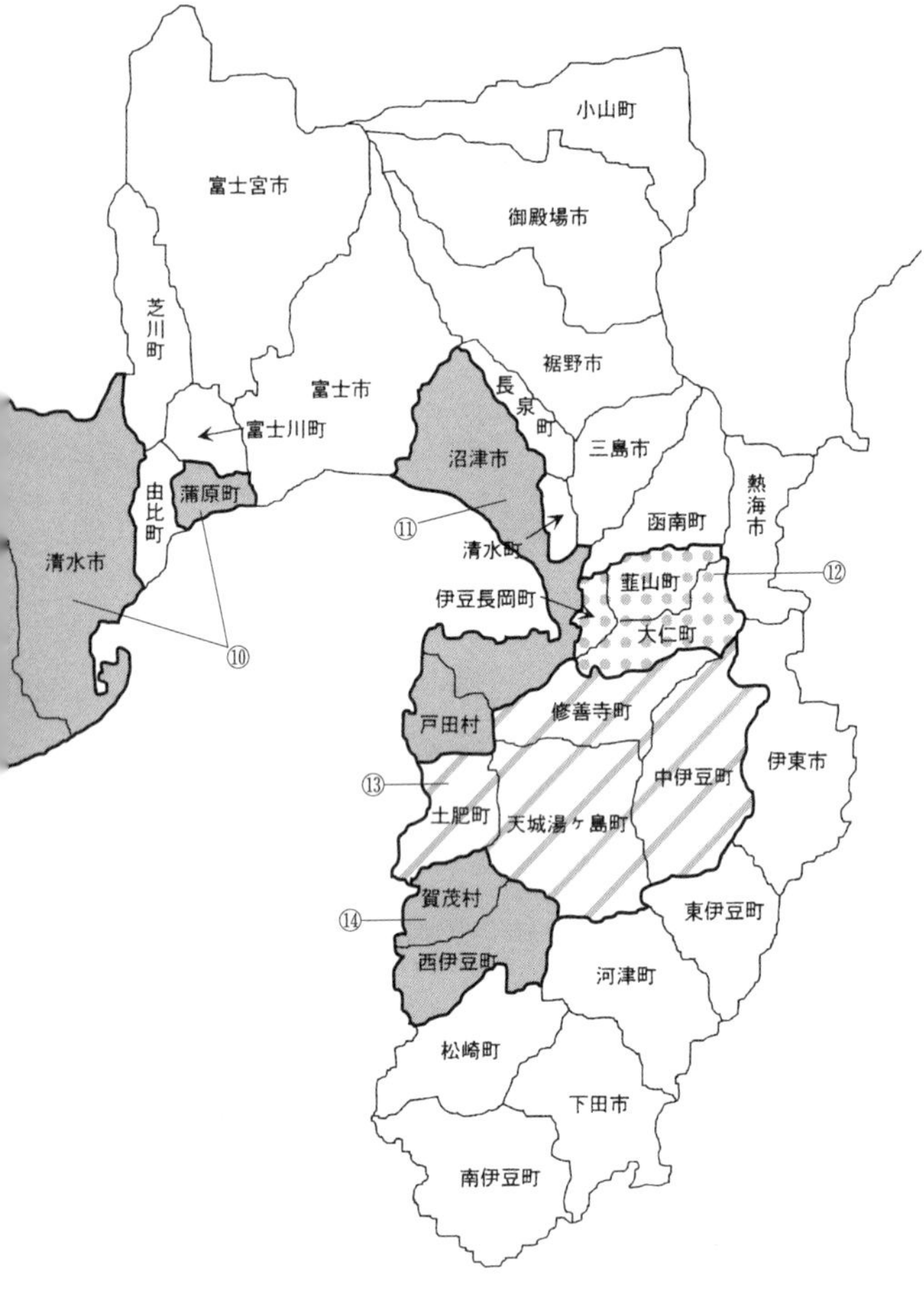

合併後の市町名（平成20年３月末現在）
①浜松市　②磐田市　③袋井市　④掛川市
⑤菊川市　⑥御前崎市　⑦牧之原市　⑧島田市
⑨川根本町　⑩静岡市　⑪沼津市
⑫伊豆の国市　⑬伊豆市　⑭西伊豆町

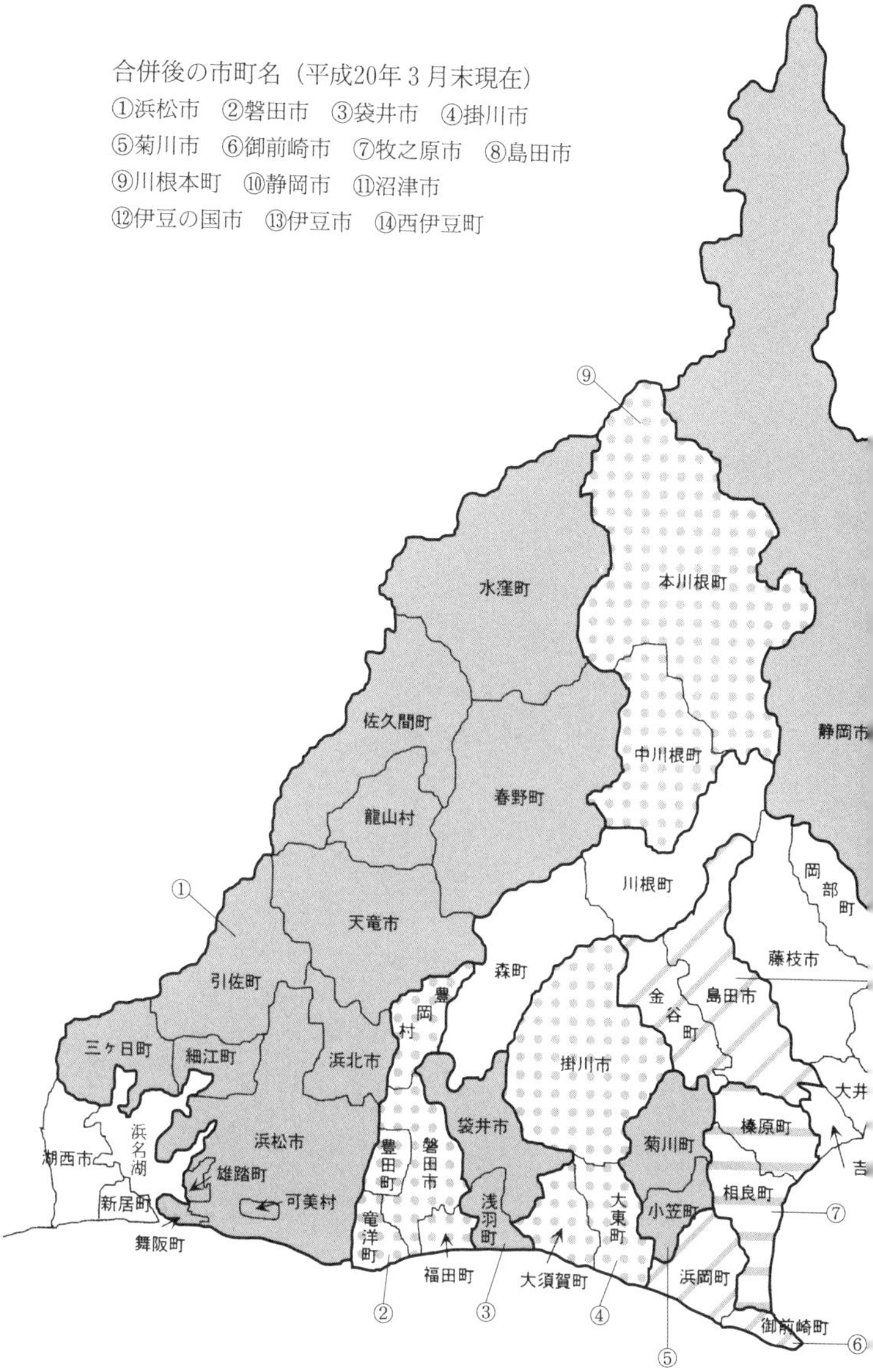

石川純一郎（いしかわ・じゅんいちろう）
1972年國學院大學大学院日本文学研究科博士課程満期修了。現在、常葉学園短期大学名誉教授、静岡県文化財保存協会常任理事、公益信託　JA・静岡県信連民俗芸能振興基金運営委員。静岡県文化財保護審議会委員、国立民族学博物館研究協力者、日本民俗学会評議員・理事を歴任。著書「河童の世界」「地蔵の世界」（以上時事通信社）、「天竜川―その風土と文化」（静岡新聞社）、「会津の狩りの民俗」（歴史春秋社）。

静岡県の民俗歌謡―「遊び」と「祈り」の口承文芸―

静新新書　023

2008年3月19日初版発行

著　者／石川　純一郎
発行者／松井　純
発行所／静岡新聞社
〒422-8033　静岡市駿河区登呂3-1-1
電話　054-284-1666

印刷・製本　図書印刷
・定価はカバーに表示してあります
・落丁本、乱丁本はお取替えいたします

ISBN978-4-7838-0346-1 C1239

静新新書

好評既刊